10대가 알아야 할

미래부의
이동

ICT와 인공지능이 만드는 4차 산업혁명 시대 진짜 부자 이야기

10대가 알아야 할

미래 부의 이동

• 신지나 · 김재남 · 민준홍 지음 •

한스미디어

미래에 우리는
어떻게 부를 쌓을까?

부자가 되고 싶은 꿈

해마다 새해가 되면 우리는 가족과 친구 그리고 나 자신을 위해서 소원을 빌어봅니다. 그때마다 풍요로운 삶 즉, 부(富)에 대한 소원은 빠지지 않습니다. 우리는 "부자 되세요!" 하고 새해 인사를 건네는 것이 더 이상 어색하지 않은 시대를 살고 있습니다. 우리는 왜 이토록 부자가 되는 것을 꿈꿀까요? 바로 '부를 얻는 것'이 행복의 필요조건이라고 생각해서가 아닐까요?

최근 우리 사회를 들썩이게 한 단어가 있습니다. 바로 '비트코인'입니다. 경제학자들은 과연 비트코인이 화폐의 기능을 할 수 있을지 우려하지만, 그것만으로는 비트코인의 '광풍' 현상을 가라앉히기 힘들어 보입니다. 비트코인의 가격이 하루아침에 들쭉날쭉 요동을 쳐도 사람들의 관심은 끊이지 않고, 직장인은 물론 학생들까지도 비트코인 구매 열풍에 동참한다는 뉴스가 들려옵니다. 도대체 무엇이 많은 사람들을 비트코인의 세계로 끌어들였을까요?

100세 시대, 수명은 늘어났지만 행복을 잡는 방법은 불확실해진 요즘, 비트코인이 돈을 버는 획기적인 방법이라는 기대 때문이 아닐까요? 누군가는 비트코인으로 큰돈을 번다는 것이 신기루에 불과하다고 우려하고, 또 누군가는 인공지능이 이끄는 4차 산업혁명 시대에 걸맞은 미래형 화폐의 탄생이라고 기대에 부풀어 있습니다.

다시 '행복'에 관한 이야기로 돌아가서, 어떤 것이 행복한 삶인지 한번 생각해봅시다. 가치관에 따라서 사람마다 대답이 다양하게 나오겠지요? 어떤 사람은 백만장자가 되면 행복할 것이라고 이야기하겠지만, 또 다른 사람은 자신이 좋아하는 일을 하면서 여유시간에 친구나 가족들과 시간을 보내는 삶이 행복하다고 말합니다.

그런데 행복한 삶과 우리가 발을 디디고 있는 이 시대의 환경은 무관하지 않습니다. 저출산, 급격한 고령화, 실업률의 상승 등 현대의 사회적 문제들은 우리 삶에 상당한 영향을 미칩니다.

또한 인공지능을 필두로 한 4차 산업혁명은 '대변혁'이라고 부를 만큼 우리가 사는 세계를 이전과는 다른 모습으로 바꾸어가고 있습니다. 그에 따라 4차 산업혁명을 기반으로 한 지능정보사회에서는 ICT 활용 능력이 우리가 살아가는 데 꼭 필요한 능력이 될 것입니다. 변화하는 사회에 발맞추어 가지 않으면 행복을 손에 넣기가 어려워질 것이기에 우리는 곧 도래할 4차 산업혁명 시대에 대비해야만 합니다.

인공지능이 이끄는 미래 부의 이동

미래를 예측하는 것은 옛날보다도 훨씬 더 어려워졌습니다. 예측 자체가 불가능하다고 할 만큼 빠른 속도로 ICT 기술이 발전하고 있기 때문입니다. 제조업 중심의 과거 산업사회에서는 사람의 노동력이 중요했지만 지능정보사회로 접어든 지금, 인공지능 로봇의 등장으로 인간의 노동력 가치가 달라지고 있습니다. 그 결과 일한 시간과 양에 비례해서 부를 쌓던 시대가 저물어 가고 있습니다. 과거와 다른 '가치', '역량', '수단'들이 등장해서, 이전과는 부를 창출하는 방식이 달라진 시대를 맞이하게 된 것입니다.

이제는 인공지능 로봇 몇 대가 수십, 수백 명의 일자리를 대신하고 있습니다. 인간의 두뇌에 버금갈 만큼 똑똑한 인공지능으로 인해 사라지는 일자리는 얼마나 될까요? 세계적인 컨설팅 회사인 맥킨지는 2017년 12월 보고서에서 2030년이 되면 인류의 일자리 중 5분의 1에 해당하는 8억 개의 일자리가 사라질 수도 있다는 무서운 전망을 내놓았습니다. 8억 개나 되는 일자리가 사라진다면 우리 인간의 삶은 어떻게 변하게 될까요? 상상만으로도 아찔합니다.

이번 책《10대가 알아야 할 미래 부의 이동》에서는 인공지능이 이끄는 4차 산업혁명 시대에 부의 개념이 어떻게 변화하는지 소개하고자 합니다. 또한 부를 축적하는 방식이 어떻게 달라질지도 예측해보려고 합니다.

　인공지능을 필두로 한 지능정보사회로 바뀌어가면서 우리의 삶의 모습도 변화하고 있습니다. 이제는 공장에 투입된 인공지능 기계뿐 아니라 우리 주변에 있는 패스트푸드점, 카페, 영화관, 매표소 등에도 사람 대신 기계가 들어서기 시작했습니다. 기계가 인간을 대신하는 이러한 대전환의 시기에 전문가들은 인간 고유의 영역에서 능력을 발휘하여 부를 창출해야 한다고 강조합니다. 하지만 어떤 방법으로 부를 창출해야 하는지는 여전히 우리에게 주어진 큰 숙제가 아닐 수 없습니다. 이 책에서는 특히 10대인 청소년들이 미래사회에 유망한 직업을 통해 부를 만들어가는 방안을 함께 고민하고자 합니다.

목차

머리말　미래에 우리는 어떻게 부를 쌓을까? 4

Chapter 1.
'부'란 무엇인가?
13

모두가 원하는 '부'란 무엇인가 15

부에 대한 세 가지 오해 18

왜 10대는 미리 준비해야 할까?: 시간과 비례하지 않는 '부' 45

Chapter 2.
부의 역사와 의미
53

역사적 격변기와 부의 의미 55

부의 지역적 이동 83

화폐의 역사 93

Chapter 3.

ICT가 가져온 미래 '부'의 변화   113

ICT가 바꾸어가는 가치의 기준 115

ICT로 인해 변화하는 게임의 룰 123

4차 산업혁명 시대, ICT를 활용한 '돈 벌기' 131

ICT 시대, 새로운 '부'의 탄생 136

Chapter 4.

4차 산업혁명 시대, '행복한 부자' 되기   153

ICT를 알면 보이는 돈의 흐름 155

4차 산업혁명 시대의 인재는 누구일까? 159

'부'와 진정한 행복의 의미 163

함께 사는 사회를 만드는 '착한 기업' 169

[더 읽을거리] 4차 산업혁명 시대의 부자들 173

참고문헌 및 출처 192

- 모두가 원하는 '부'란 무엇인가

- 부에 대한 세 가지 오해

- 왜 10대는 미리 준비해야 할까?: 시간과 비례하지 않는 '부'

Chapter. 1

'부'란 무엇인가?

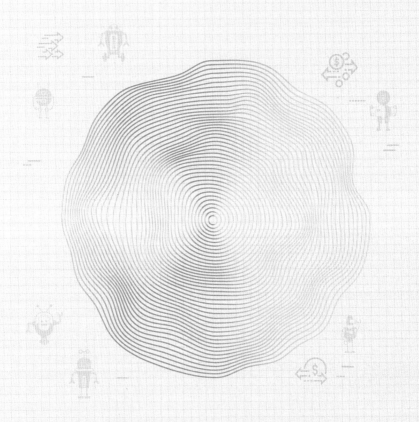

모두가 원하는
'부'란 무엇인가

　도대체 '부$_{\hat{a}}$'란 무엇이길래 인간의 역사 속에서 갈망의 존재가 된 것일까요? 그 이유를 알기 위해 우선 부의 개념에 대해 살펴봅시다. 표준국어대사전에서는 한 사람이 가지고 있는 재산이 넉넉하거나 생활이 넉넉한 상황을 '부'라고 표현하고 있답니다.

 부(富)의 사전적 정의

1. 넉넉한 생활. 또는 넉넉한 재산.
2. 특정한 경제 주체가 가지고 있는 재산의 전체.

출처: 표준국어대사전

인간이 삶을 영위하기 위한 세 가지 기본 요소인 '의식주'도 부가 있어야만 유지됩니다. 가진 재산이 있어야 의, 식, 주를 구매하고 이용할 수 있기 때문이에요. 다시 말해, 충분한 부를 가지고 있지 못하면 인간의 기본적인 생활을 누리지 못한다는 뜻이에요.

'부'는 이야기 속 단골소재

그리스 신화에는 프리기아라는 왕국이 등장해요. 어느 날 이 왕국의 왕은 술에 취해 방황하고 있던 풍요의 신인 디오니소스의 양부를 도왔고, 디오니소스는 고마움에 왕의 소원을 한 가지 들어주겠다고 말했어요. 왕은 자신의 손에 닿는 것은 무엇이든 금으로 변하게 해달라고 하였고 신은 그 소원을 들어주었답니다.

이 왕의 이름은 여러분이 한번쯤 들어봤을 법한 '미다스의 손'의 주인공, 미다스입니다. 신화 속 미다스 왕은 왜 하필 손에 닿는 모든 것을 '금'으로 변하게 해달라는 소원을 빌었을까요? 당시 금은 값비싼 재물로서 '부'를 상징했기 때문이에요.

비단 신화뿐만 아니라 역사 속에서도 황금으로 대표되는 '부'를 차지하기 위한 인간의 여정은 계속되었어요. 르네상스 시대의 이탈리아를 대표하는 천재인 레오나르도 다빈치는 연금술에 빠져들기도 했답니다. 연금술이란 기원전 이집트 북부지역에서 시작된 주술적 성격을 띤 일종의 자연학인데요. 이후 이슬람 세계에서 체계화되어 중세 유럽에 퍼졌습니다. 연금술의 목표는 인공적 수단을 이용해 비금속을 귀금속, 그중에서도 금으로 바꾸는 것이었어요. 비록 연금술사들은 자신들의 목표를 달성하진 못했지만 금을 만들어내고자 다양한 실험을 한 덕에 여러 가지 화학 물질을 발견했고, 이것이 과학의 발전에 공헌하였어요.

레오나르도 다빈치 이외에도 마르코 폴로의 《동방견문록》, 콜럼버스의 신대륙 발견, 미국 서부시대의 골드러시 역시 황금을 동경하여 나온 결과물이라고 할 수 있답니다. 이처럼 부는 신화와 역사 속 단골소재로 인간의 역사와 함께해왔습니다.

부에 대한
세 가지 오해

　　하지만 부는 고정적인 개념이 아니랍니다. 인류의 유구한 역사의 흐름에 따라 부의 정의와 기준, 그리고 수단은 다양하게 변해왔답니다. 마치 살아있는 생명체처럼 말이죠. 그렇다면 부를 둘러싼 오해들을 함께 살펴보며 그 의미를 되새겨 보기로 해요.

부에 대한 첫 번째 오해: 부는 고정적인 개념이다?

　　'부'에 대한 첫 번째 오해는 무엇일까요? 그것은 바로 '부의 개념이 변하지 않는다'는 고정관념입니다. 하지만 지금까지의 역사를 살펴보면 부의 개념과 요소, 부를 창출하는 기폭제는 항상 달라져 왔답니다.

역사의 흐름 속에서 부를 의미하는 요소가 어떻게 변화해 왔는지 좀 더 자세히 알아보도록 해요.

영국은 18세기 중엽 1차 산업혁명이 일어나기 전까지 농업사회였습니다. 농업사회에서는 노동력과 땅이 가치를 창출하는 가장 근본적인 생산요소였답니다. 왜냐하면 땅이 있어야 곡식을 심을 수 있고, 노동력이 있어야 곡식을 수확할 수 있기 때문이죠.

따라서 농업사회에서는 노동력, 즉 노동 인구를 많이 보유하고 땅을 많이 가진 사람을 부유한 사람으로 여겼어요. 소설 속에서도 이 당시 부자를 표현할 때는 '○○의 땅을 밟지 않고는 지나갈 수 없다'라는 표현을 사용했어요. 또한 부자를 표현하는 단어 중 하나로 '만석꾼'이란 단어가 있었는데요. 곡식 약만 섬을 거두어들일 만한 논밭을 가진 큰 부자를 비유적으로 이르는 말이었습니다.

하지만 산업혁명 시대 이후 노동력의 가치는 상대적으로 감소했어요. 생산의 표준화와 컨베이어 시스템 등이 대량생산을 가능하게 했기 때문입니다. 과거 농업사회에서는 사람이 직접 땅을 경작하고 수확한 곡식을 생필품으로 교환해야 했죠. 하지만 산업사회의 대규모 공장은 생필품을 대량으로 생산해 사람들은 물물교환 없이 물건을 바로바로 구매하게 되었고 화폐경제가 더욱 발달하며 자본주의가 급속히 확대되었습니다.

자본주의 시대가 도래한 이후에는 자본을 많이 가진 사람이 가치를 많이 가진 사람이 되었어요. 예를 들어 워렌 버핏 Warren Buffett 처럼 자본을 투자하여 원래 가지고 있던 돈을 몇 배로 불리는 투자가가 큰 주목을 받았습니다. 워렌 버핏의 인기는 '워렌 버핏과의 점심 한 끼'로 더욱 유명한데요. 2017년에는 워렌 버핏과 점심 한 끼를 먹으며 대화를 나눌 기회를 얻기 위

1차 산업혁명 이후 부의 기준 변화

농업사회　　　　　　　　산업사회(자본주의)

노동력·토지 중심　　　　　　자본 중심

해 11억 2,000만 원을 지불해야 했습니다. 자본주의 시대에 투자가가 가지는 가치가 얼마나 큰지 알 수 있는 이벤트였죠.

이처럼 시대가 어떤 가치에 주목하고 있는지 정확히 알아야 부를 축적할 수 있답니다. 그렇다면 이제는 무엇이 가치가 있는 시대일까요?

최근에 여러분도 많이 들어본 단어 중 하나가 바로 '4차 산업혁명'일 거예요. 4차 산업혁명은 빅데이터, 사물인터넷, 인공지능 등 다양한 ICT 기술이 각 산업영역에 적용되고 융합되어 새로운 부가가치를 창출하는 것을 의미해요. 그리고 4차 산업혁명은 현대 사회의 '부'에 새로운 의미를 만들어내는 지능정보사회의 도래를 의미합니다.

1차 산업혁명	2차 산업혁명	3차 산업혁명	4차 산업혁명
1784	1870	1969	현재
• 증기기관 발명 • 기계 생산 시작	• 생산현장에서 전기 에너지 이용 • 컨베이어 벨트 도입에 따른 대량 생산	• 컴퓨터를 적용한 생산 자동화 기술 도입	• 산업 현장에 빅데이터, 사물인터넷, 인공지능 적용한 산업 혁신이 비즈니스를 리드

출처: 브런치(https://brunch.co.kr/@playfulheart/58), 2017.3

    제4차 산업혁명 기반의 지능정보사회로 변모해가는 과정에서 '부'를 창출하는 요소는 자본에서 데이터로 이동하고 있어요. 데이터는 미래 성장 산업을 위한 자양분으로 꼽히고 있지요. 심지어 데이터는 '21세기 석유'로 불릴 만큼 중요한 자원으로 급부상하고 있어요. 왜냐하면 데이터가 방대하게 쌓여야만 빅데이터 분석이 가능하고 의미 있는 결과물을 내놓을 수 있기 때문이에요. 또, 빅데이터 분석을 바탕으로 인공지능과 가상현실, 증강현실 등 다양한 융합기술을 자유롭게 사용할 수 있기 때문이기도 합니다.

그런데 데이터는 노동력을 제공하는 인간이나 자본을 상징
하는 화폐처럼 우리 눈에 실제로 보이지는 않아요. 그래서 데
이터가 얼마나 많이 사용되고 있는지 실감하기는 쉽지 않습니
다. 우리가 24시간 인터넷에 연결된 모바일 기기를 항시 곁에
두고 있음에도 말이죠.

그래서 먼저 여러분이 얼마나 많은 데이터를 생산하고 있는

1분 동안 온라인에서 일어나는 데이터 소비(2016년)

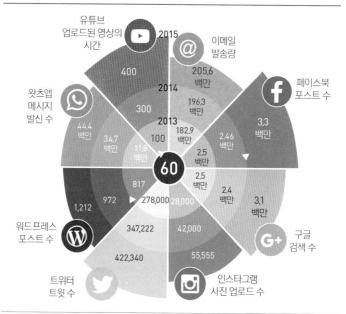

출처: Smart insights, 2016

지 이야기해보려고 합니다. 단 1분간 온라인에서 얼마나 많은 데이터가 생산되고 소비되는지 상상해본 적 있으신가요? 데이터 시장조사기관 스마트 인사이트Smart Insights는 2016년 기준으로 1분 동안 데이터가 얼마나 소비되는지 서비스별로 소개한 바 있는데요. 조사에 따르면 1분 동안 페이스북에는 330만 장의 포스트가 업로드되며 유튜브에는 400시간에 해당하는 분량의 비디오가 업로드되었습니다. 여러분이 즐겨 사용하는 인스타그램은 1분에 무려 55,555개의 사진이 업로드되고 있답니다.

여러분이 상상했던 것보다 훨씬 많은 양의 데이터가 활용되고 있죠? 이처럼 방대한 데이터를 잘 활용하기 위한 빅데이터의 시장규모도 지속적으로 확대되고 있답니다. 2010년에는 빅

글로벌 빅데이터 시장규모(좌)와 데이터 활용에 관한 쟁점(우)

(단위: 억 달러)

510
384
32

2010　2015　2017

신뢰할 수 있는 데이터의 확보	64.0
분석 역량(사람)	56.8
데이터의 다양성	45.0
비용	43.2
데이터 처리 속도	41.6
사내 데이터 통합	35.1
데이터 양	35.0

출처: 위키본, 마이크로스트레티지코리아, 2016

데이터 시장규모가 32억 달러를 기록했는데 7년이 지난 2017년에는 15배 이상의 성장을 거쳐 510억 달러 규모로 커졌어요. 하지만 여전히 신뢰할 수 있는 데이터를 확보하거나 빅데이터를 제대로 분석할 수 있는 역량을 갖춘 이들을 확보하는 데 어려움이 있습니다. 이러한 점을 극복할 경우 빅데이터 분야의 더 큰 성장을 기대할 수 있을 거예요.

제4차 산업혁명의 도래로 인해 데이터의 가치가 한 기업의 운명을 뒤바꾼 사례도 있는데요. 미국 최대 카지노 회사인 시저스엔터테인먼트Caesars Entertainment 는 일찍부터 데이터의 중요성을 알고 활용해오던 회사였습니다. 하지만 2015년 1월 시저스엔터테인먼트는 파산 후 기업회생을 신청해야 했습니다. 그런데 운 좋게도 기업회생 과정에서 시저스엔터테인먼트의 데이터 가치가 다시 부각되었어요. 이 회사는 17년 동안 충성고객 서비스를 통해 고객 행동 유형 데이터를 모아왔는데요. 기업회생 과정에서 이 데이터들의 가치가 놀랍게도 1조 원 이상으로 책정되었던 것입니다. 결국, 시저스엔터테인먼트가 지금껏 모은 데이터가 회사를 살리는 동아줄이 된 거죠.

이처럼 부의 개념과 부를 창출하는 기폭제는 고정적인 개념

'부'의 변화상

	농업사회	산업사회	지능정보사회
부의 개념	머릿수의 부 (Man Power)	재물의 부 (Wealth)	데이터의 부 (Data)
부의 요소	인간	자본	데이터
부 창출 기폭제	광활한 토지	자본 우선주의	제4차 산업혁명
대표 사례	만석꾼	워렌 버핏	시저스엔터테인먼트

이 아니라, 역사의 흐름에 따라 바뀌어 왔습니다. 그렇기 때문에 우리는 항상 주변상황을 주의 깊게 살펴보아야 합니다. 뉴스를 꾸준히 보고 시사에 밝아야 함은 단지 상식을 쌓기 위해서만이 아니라 여러분의 주변에서 변화하는 '부'의 흐름을 따라 잡기 위해서도 반드시 필요합니다.

부에 대한 두 번째 오해: 부는 재물의 풍족함만을 의미한다?

앞서, 농업사회와 자본주의사회에서는 '노동력과 토지, 자본을 보유한 사람이 중요한 가치를 가진 사람이다'라는 이야기를 했었죠. 하지만 지능정보사회에서는 무엇보다도 '데이터'의 가

10대가 알아야 할 미래 부의 이동

치가 중요하며, 부의 가치도 다양해졌어요. 다양한 가치가 중시된다는 의미는 지능정보사회의 최첨단 ICT 기술을 적용해 우리의 삶이 다변화된다고도 해석할 수 있답니다.

그래서 미래에는 '부'가 가지는 의미가 달라질 수밖에 없어요. 지능정보사회에서 이제 부는 단순히 돈을 의미하는 것이 아니라 교육, 여행, 탐험 등 여러 가지 체험을 할 수 있는 기회까지 포함합니다. 즉, '부'는 재물적 부Wealth뿐만 아니라 기회의 부Chance까지 포괄하는 개념으로 바뀌었어요.

'기회의 부Chance'라는 말이 많이 생소하죠? 이해를 돕기 위해 제 경험을 여러분에게 소개해드릴게요. 최근에 저는 체코의 프라하를 여행할 기회가 있었는데요. 프라하에서 다양한 것들을 보고 느꼈지만 특히 알폰스 무하Alphonse Mucha의 작품을 본 것이 가장 큰 수확이었어요. 무하 박물관에 방문하여 여러 작품을 보면서 그가 아르누보 미술양식의 대가인 점을 알게 되었는데요. 이 경험으로 인해 이후 무하, 아르누보와 관련된 다양한 지식을 더 찾아보고 공부하게 되었고, 한국에 돌아온 후 기념품을 지인들에게 전해주며 프라하에서의 좋은 경험을 나누었답니다.

그럼 이제 경제학적으로 프라하 여행의 기회비용이 무엇이 었는지 한번 살펴볼까요? 만약 여행을 가지 않았다면 친구들 과 재미있는 시간을 보낼 수 있고, 여행에 쓸 돈으로 게임을 즐 길 수도 있었을 겁니다. 하지만 여행은 인간에게 영감, 깨달음, 감동을 주고 새로운 세계와 만날 기회를 제공하죠.

만약 해외에서 공부하는 것이 목적이라면 대학교의 교환학 생 프로그램을 적극 활용해도 좋아요. 또, 서울이나 대도시에 서 열리는 해외 연극단의 내한공연, 그리고 전시 등을 보는 것 도 좋은 경험이 됩니다. 기회의 부란 다양한 경험을 바탕으로 발현되는 독특한 '부'이기 때문에 여러분의 오감을 다양한 환경 에 노출할 필요가 있어요.

여러분의 이해를 돕고자 기회의 부를 대변하는 대표적인 인 물을 함께 소개하려 합니다. 바로 애플의 창업자이자 CEO로 아이폰과 아이패드를 출시한 스티브 잡스Steve Jobs입니다. 스티브 잡스는 2005년 6월 12일에 스탠포드 대학교의 졸업식 축사를 하였는데요. 이때 그가 대학 졸업생들에게 전한 첫 번째 메시 지는 바로 '커넥팅 닷Connecting the Dot'이었습니다. 커넥팅 닷은 수많 은 기회가 갖는 부의 파생 효과를 설명하는 말이에요.

스티브 잡스는 미국 오리건 주에 있는 리드 대학교를 다녔는데요. 리드 대학교는 미국에서 최고의 서예 교육을 자랑하는 학교였습니다. 잡스는 대학 캠퍼스 곳곳에서 아름다운 서체를 접할 수 있었고 그것을 계기로 서체 수업을 수강했다고 해요. IT 기업과는 전혀 상관없을 것 같은 이 경험은 잡스가 대학을 자퇴하고 10년 후에 매킨토시 컴퓨터를 처음 디자인할 때 온전히 활용되었습니다.

스티브 잡스는 IT 지식과 서체 수업이라는 전혀 다른 두 가지 경험을 융합하여 새로운 부가가치를 창출해낸 것이죠. 하지만 대학시절의 잡스는 서체 수업을 수강한 일이 훗날 애플을 창업한 후에 활용될 거라고 전혀 예측할 수 없었죠. 다시 말해 기회의 부란 삶에서 축적된 다양한 경험이 복합적으로 발현되어 부를 창출한다는 개념입니다.

스티브 잡스가 이야기한 '커넥팅 닷'은 개개인이 남기는 발자취가 하나의 점으로써는 별 의미 없어 보일 수 있지만, 미래에는 하나의 선으로 이어져 부를 창출한다는 의미입니다. 즉, 무수한 경험의 기회가 다름 아닌 우리 시대의 '부'라고 할 수 있습니다.

다시 말하자면, 당신은 미래를 내다보며 점을 연결할 수는 없습니다. 뒤를 돌아보며 연결할 수밖에 없어요. 그래서 당신은 점이 미래에 어떻게든 연결될 것이라고 믿어야 합니다. 배짱, 운명, 인생, 인연 등 어떤 것이든 믿어야만 하죠. 이러한 접근은 한 번도 절 실망시킨 적 없으며, 제 인생을 완전히 바꾸어 놓았습니다.

– 스티브 잡스, 스탠포드 연설문 중에서

애플의 창업자 스티브 잡스뿐만 아니라 페이스북의 마크 저커버그Mark Zuckerberg, 테슬라의 일런 머스크Elon Musk 등이 미국의 IT 중심지 실리콘밸리에서 기회의 부를 창출하고 있어요. 이전의 산업시대에는 자본을 중심으로 부를 창출했지만, 위에 언급된 이들은 다양한 경험과 지식을 바탕으로 삶을 다변화할 수 있는 혁신에 주목하고 있답니다.

이처럼 새로운 의미의 기회의 '부'를 창출하는 사람들을 '뉴 웰스 체이서New Wealth Chaser'라고 부르며, 그중에서도 일런 머스크가 대표적인 인물이에요. 영화 〈아이언맨〉의 실제 모델로 유명한 일런 머스크는 미국의 민간 우주 개발업체 스페이스X를 운영하며, 2017년 1월 로켓 발사에 성공했어요. 또한 2013년에는 초고속 진공튜브 캡슐열차인 하이퍼루프를 만들겠다는 계획을 발표했는데요. 이 차세대 교통수단을 이용하면 시속 1,200km의 속도로 로스앤젤레스에서 샌프란시스코까지의 거리를 30분이면 주파할 수 있다고 합니다. 우리나라로 따지면 부산에서 평양까지의 거리랍니다. 이처럼 일런 머스크는 당장 매출을 올릴 수 있는 사업에 투자하기보다는 장기적으로 다변화되는 인간의 삶이 더 나아지는 방향으로 회사를 운영하고 있어요.

대단한 업적을 이룬 사람들의 이야기만 듣다 보니 기회의 부에 대해 어렴풋이 이해는 되지만, 어떻게 기회의 부를 얻어야

스페이스X의 로켓을 설명하는 일런 머스크(좌)와 하이퍼루프(우)

The **Hyperloop** could someday take you 400 miles in 35 minutes.

It's finally happening.

출처: CNBC, 2017.3, curiosity.com

할지 감을 잡기 쉽지 않을 거예요. 그래서 이번에는 여러분과 같은 10대가 제4차 산업혁명 시대에서 어떻게 활약하고 있는지 함께 살펴보려고 해요.

윌리엄 가두리William Gadoury 는 캐나다 퀘백에서 태어난 15세 소년이다. 윌리엄 가두리는 2012년 세계의 종말을 예고한 '마야 달력' 때문에 마야문명에 관심을 가지게 되었다. 그 후 꾸준히 마야문명을 공부한 윌리엄 가두리는 왜 마야인은 강이 아닌 산 속 깊은 곳에 도시를 건설했을까 궁금해했다. 윌리엄 가두리는 인터넷을 통해 지속적인 연구를 진행한 결과 지금까지 발견된 117개의 마야 도시와 별자리가 밀접한 상관관계가 있음을 발견했다.

그는 고대 마야의 서적에 수록된 별자리 지도와 실제 발견된 마야 도시의 위치가 일치하고 특히 가장 밝은 별이 위치한 곳에는 가장 큰 도시가 있다는 사실을 밝혀냈다. 윌리엄 가두리의 이론에 따라 캐나다우주국이 실제로 그 지역을 확인해본 결과, 놀랍게도 86m 높이의 피라미드를 비롯해 건축물 30개의 흔적이 발견됐다. 윌리엄 가두리가 발견한 이 고대 도시는 역대 발견된 마야 도시 중 5번째로 크다고 한다.

한창 학교와 학원을 오갈 나이인 15세 소년이 어떻게 집에서 3,500km나 떨어진 마야문명의 유적지를 발견했을까요? 그 답은 바로 과학적 호기심으로 세운 가설을 인터넷을 통해 검증할 수 있었기 때문이에요. 윌리엄 가두리는 가설을 세우고 문제를 해결하기 위해 천문학(별자리), 지리학(도시 위치), 역사학(마야문명)의 정보와 지식을 융합했고, 결국 놀라운 발견을 해냈어요. 이 소년은 연구 결과를 인정받아 캐나다 과학대회와 브라질에서 열리는 국제과학대회에도 초청받았답니다. 이제는 15세 소년도 자신의 가설을 융합 지식으로 검증할 수 있는 기회의 시대가 열린 것이죠.

지능정보사회로 접어든 지금, 앞서 설명한 스티브 잡스, 일

윌리엄 가두리(좌)와 마야 유적지로 추정되는 지도 – 구글어스 비교(우)

출처: hydro-quebec 홈페이지, 연합뉴스, 2016.5.12

런 머스크, 윌리엄 가두리와 같은 기회의 부를 창출하기 위해서는 새로운 안목이 필요합니다. 칼을 검사에게 주면 검, 요리사에게 주면 조리칼이 되듯 주어진 기회를 잘 활용하는 안목이 중요한 시점입니다.

기회의 부는 우리 주변에서도 흔하게 발견할 수 있습니다. 흔히 어른들께서 '젊음이 재산'이라는 말씀을 많이 하시죠. 만약 여러분 나이로 돌아간다면 정말 의미 있고, 행복하게 살 수 있을 것이라고 하시면서 말이에요. 어른들은 왜 그런 말씀을 하시는 걸까요?

그것은 바로 젊은 여러분이 가진 무한한 가능성 때문입니다. 여러분은 원하는 것을 이루고, 해낼 수 있는 잠재력을 가지고 있어요. 즉, 여러분은 젊기에 더 많은 경험을 해볼 기회가 있다는 뜻입니다. 교육, 여행 등 다양한 체험은 곧 여러분의 소중한 자산이 된답니다.

또 한 가지 예를 들어볼 텐데요. 《나는 세계일주로 경제를 배웠다》의 저자인 코너 우드먼을 아시나요? 코너 우드먼은 런던 금융가의 세계적인 컨설팅 회사에서 애널리스트로 일하는 수십억 원의 연봉자였는데요. 그는 컴퓨터로 하는 숫자 놀음이 아닌 몸으로 부딪치고 발로 뛰며 세계 경제의 현장을 경험하기로 마음먹고 훌쩍 여행을 떠납니다. 과연 자신이 전 세계 상인들을 상대로도 돈을 벌 수 있는지 확인해보고 싶었던 그는 여행 자금을 준비하기 위해 살던 집을 처분하여 약 5,000만 원을 마련했어요. 이 돈으로 그는 아프리카 수단을 시작으로 6개월 동안 4대륙 15개국을 돌며 물건을 사고파는 경험을 했습니다. 그 결과 여행 경비를 제외하고도 약 1억 원을 버는 데 성공했죠. 이 여행으로 새로운 세상을 마주한 그는 지금껏 배우지 못했던 장사의 법칙을 체득하게 되었다고 합니다.

이렇듯 지능정보사회에서 우리는 눈에 보이는 유형의 재물뿐만 아니라 무형의 기회까지도 중요하게 여겨야 합니다. 다시 말해 인생을 살아가면서 다양한 기회를 가치 있게 생각하고 여러 가지 경험을 해보겠다는 자세가 필요합니다. 그 기회가 부를 창출하는 마스터키 역할을 할 수 있기 때문입니다.

부에 대한 세 번째 오해 : 화폐에 대해서만 잘 알면 된다?

흔히 '부'라는 단어를 떠올리면, 일상에서 자주 이용하는 만 원짜리, 오천 원짜리 등의 지폐가 먼저 생각날 거예요. 하지만 화폐는 지폐나 동전이라는 한 가지 수단으로 한정된 것이 아니에요. 교환가치를 가지는 또 다른 것으로는 금, 석탄, 석유가 있어요. 그리고 최근에는 가상화폐가 새로운 교환수단으로 등장했죠.

교환가치를 가지는 수단에 대해 한 가지씩 자세히 알아봅시다. 먼저 금은 최초에 황금빛 광채와 희소성으로 주목을 받았습니다. 이후 금 채굴이 확산되면서 다량의 금을 확보하게 되자 보편적 교환수단으로 자리 잡았습니다. 여러분이 어릴 적 보았던 〈아라비안 나이트〉에서 도적들이 노리던 금화가 바로 금으로 만들어진 화폐였죠.

현재 금은 대표적인 안전자산 중 하나로 주목받고 있습니다. 금융시장을 뒤흔드는 사건이 발생하여 사람들이 불안해할 때

다양한 부의 활용 수단

| 금 | 석유 | 화폐 | 가상화폐 |

마다. 금에 투자하는 이유도 이 때문이에요. 예를 들어 2008년 미국에서 발생했던 글로벌 금융위기와 2011년 유럽의 재정위기를 겪는 동안 금값은 가파른 상승세를 기록했었습니다. 이와 반대로 경제적 부흥의 시기에는 오히려 금값이 떨어진답니다. 이러한 안전자산으로서의 금 거래 시장을, 과열되지도 않고 침체되지도 않는다고 하여 '골디락스Goldilocks'라고 부르기도 해요.

이외에도 석탄과 석유는 산업혁명 시대에 기차와 자동차를 움직이게 하고 공장을 가동하는 역할을 하며 그 가치를 인정받는데요. 아직까지도 대부분의 제품을 만들기 위해서는 석탄과 석유를 이용해야 하기 때문에 그 가치가 지속되고 있어요. 물론 석탄의 사용처는 많이 줄었지만요.

특히 석유는 현재에도 다양한 산업군에 영향을 미치고 있어요. 국제유가, 즉 석유의 가격에 따라 국내 물가와 수출입 현황 등이 큰 폭으로 변화해요. 이러한 국제유가는 다양한 요인들에 의해 결정돼요. 석유의 양, 석유를 소비하는 국가의 경제성장속도, 계절적 요인, 정유산업의 현황, 지정학적 요인 등이 복합적으로 작용하기 때문에 수출의존도가 높은 우리나라는 국제유가에 관심이 무척 많답니다.

여러분이 국제유가의 변화를 가장 가깝게 느낄 수 있는 곳은 바로 주유소인데요. 주유소 입구에 나오는 휘발유와 경유의 가격은 국제유가에 따라 달라져요. 국제유가가 오르면 휘발유와 경유의 가격도 올라서 여러분 가정의 생활비에도 곧장 영향을 미치게 되는 거죠. 석유는 세계 70여 개 국가에서 생산되고 있으나 서부 텍사스 중질유, 북해 브렌트유, 두바이유가 세계 3대 유종으로 꼽히며 원유가격의 기준이 되고 있습니다.

위에서 언급한 금과 석탄, 석유는 각각 '부'의 수단으로서 연계성을 가지고 있습니다. '물가가 오르면?', '달러의 가치가 오르면?', '은행 금리가 오르면?', '안전자산을 선호하는 경향이 나

금 가격에 영향을 미치는 요인(좌)과 국제유가 및 환율동향(우)

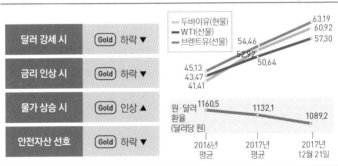

출처: the scoop, 한국석유공사 석유정보센터, 2017.12

타나면?' 등 다양한 상황에 따라 금이나 국제유가의 가격이 유기적으로 변화하는데요. 이 변동성에 따라 실물경제에서의 '부'가 증가함과 동시에 감소하는 일이 일어납니다.

예를 들어 금리가 인상되면 금 가격은 하락하는데요. 금리가 오르면 은행의 예금·적금 상품에 투자했을 때 이율이 커지기 때문입니다. 금을 구매하는 대신 은행과 거래하는 사람이 많아져 금 가격이 하락하는 거죠. 이렇게 경제적 환경의 변화에 따라 사람들은 합리적인 경제적 판단을 내립니다. 금리가 인상되면 금 시장에 투자하기보다는 높아진 금리를 반영한 예금·적금 상품에 가입하는 것처럼요. 이처럼 '부'를 둘러싼 다양한 가치수단은 서로서로 영향을 미치기 때문에, 한 가지 수단만이 아니라 다양한 부의 수단에 관심을 가져야 합니다.

다음은 최근 부상하고 있는 가상화폐입니다. 가상화폐는 블록체인이라는 기술을 활용한 사이버 화폐의 한 종류인데요. 해외에서는 비트코인처럼 블록체인 기반 기술을 활용한 화폐를 암호화폐cryptocurrency, 디지털 화폐digital currency, 가상화폐virtual currency 등으로 다양하게 부르고 있습니다. 국내에서는 주로 '가상화폐'라고 부릅니다.

가상화폐의 공통적인 특징은 지폐나 동전과 달리 실물이 없고 온라인에서 거래된다는 점입니다. 2009년 비트코인이 개발되며 가상화폐 시장의 물꼬가 트였는데요. 이후 2017년까지 1,000여 개에 이르는 가상화폐가 개발됐으며, 이 가운데 절반인 약 500여 개가 거래되는 것으로 알려져 있어요. 가상화폐로는 비트코인, 이더리움, 비트코인 골드, 비트코인 캐시, 리플, 대시, 라이트코인, 모네로, 제트캐시 등이 있습니다. 이 중에서 비트코인과 이더리움이 가장 대표적인 가상화폐입니다.

가상화폐는 디지털을 기반으로 하기에 화폐 제조비용이나 이체비용, 거래비용이 저렴합니다. 이러한 이점들 때문에 가상화폐는 새로운 부의 수단으로 각광받고 있답니다. 다만, 가격변화 추이나 변동 요인이 기존 부의 수단과는 다르게 예측하기 어렵다는 단점이 있습니다. 앞서 살펴보았듯 금과 국제유가는 각 요소의 관계에 따라 가격변화를 어느 정도 예상할 수 있었지요? 하지만 가상화폐는 가격이 오르고 떨어지는 것에 대해 정확한 원인을 찾기가 어렵습니다.

사실 가상화폐가 세간의 큰 관심을 받게 된 배경에는 비트코인의 갑작스런 가격 변동이 큰 몫을 차지했습니다. 최근 1년간 비트코인은 8배 이상 그 가격이 상승하였는데요. 비트코인 결제 솔루션 업체 중 1위인 비트페이의 2017년 거래량은 2016년에 비해 328%나 성장할 정도였습니다. 또한, 각국에서 가상화폐를 결제수단으로 도입한다는 소식이 이어지고 있습니다. 이러한 흐름에 따라 국내에서도 가상화폐 거래의 열기는 더욱 거세지고 있으며, 심지어 세계 가상화폐 거래소 순위에 한국의 빗썸 거래소가 한때 1위를 차지하기도 하였습니다.

　이러한 가상화폐 광풍에 대해 전문가들은 가상화폐가 투자가 아닌 투기의 수단으로 쓰이고 있다고 진단하기도 했습니다.

세계 가상화폐 거래소 순위(좌)와 비트코인 최근 1년 가격 추이(우)

순위	거래소	점유율(%)
1	빗썸	13.51
2	비트렉스	11.14
3	비트플라이어	10.64
4	폴로닉스	7.01
5	비트피넥스	6.55
6	오케이코인	5.48
7	지닥스	4.55
8	후오비	4.06
9	크라켄	3.59
10	코인원	3.41

※ 빗썸과 코인원은 국내 거래소

(단위: 코인당 달러)

4783.06

571.69

1년 동안 8배 이상 상승

2016년 9월 ～ 12월 ～ 2017년 3월 ～ 2017년 6월 ～ 9월

출처: 한겨레, 2017.10

역사 속의 투기 현상으로는 1630년대 네덜란드의 '튤립 버블Tulip Mania'을 예로 들 수 있습니다. 네덜란드에서 튤립 가격이 비정상적으로 치솟았던 현상인데요. 17세기 네덜란드 사람들에게는 터키에서 수입된 튤립이 곧 자산이었습니다. 심지어 집을 담보로 잡고 튤립 뿌리를 구매하기도 하였습니다. 당시 튤립 버블에 빠진 네덜란드의 실태에 대해 영국 언론인 찰스 맥케이는 "튤립을 소유하려는 네덜란드인의 열망은 도를 넘어, 다른 산업은

튤립 버블 기간 튤립 가격 변동 추이

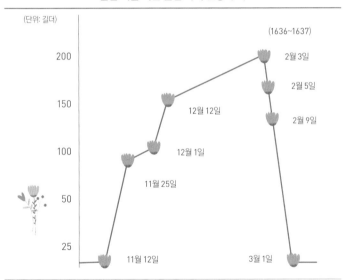

출처: benjaminamo.com, 2017

10대가 알아야 할 미래 부의 이동

팽개치고 모든 사람이 튤립 거래에 나섰다"고 꼬집기도 했습니다. 그런데 놀라운 사실 하나! 최근 시장전문조사기관에 따르면 비트코인의 상승세가 튤립 버블 당시의 튤립 가격 상승세보다 높다는 조사 결과가 나왔습니다. 그러다 보니 가상화폐 신드롬이 제2의 튤립 버블이 아니냐는 우려의 목소리가 높아진 거죠.

하지만 그렇다고 해서 비트코인을 투기의 대상으로 한정 짓

튤립 버블의 상승세보다 가파른 비트코인 상승세

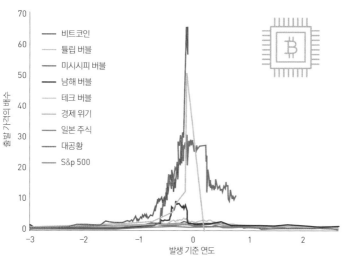

출처: convoyinvestments, 2017.12

는 게 옳다는 뜻은 아닙니다. 최근 〈포브스_Forbes〉에는 가상화폐를 1994년 초창기 인터넷과 비슷하게 봐야 한다는 기사가 실렸습니다. 초창기 인터넷은 이용자가 적어 성공 가능성이 낮았으나, 이후 점점 이용자가 늘어나 현재에는 우리 삶에서 떼려야 뗄 수 없는 존재가 되었는데요. 가상화폐도 마찬가지로 시간이 지날수록 이용도가 높아져 이후에는 회사 간 거래, 부동산 장부 등 다양한 분야에서 활용되리라고 기대되고 있습니다.

가상화폐는 기존의 부의 수단과는 다르게 변동성을 예측하기 어렵지만, 매혹적이고 새로운 부의 수단으로 떠오르고 있습니다. 일례로, 세계적인 자산운용사인 '피델리티'의 연구소 피델리티 랩스의 해들리 스턴_Hadley stern 수석 부사장은 최근 "비트코인은 디지털 골드다"라고 말한 바 있습니다. 또한 향후 세계를 변화시킬 잠재력을 지닌 화폐라고 평하기도 했죠.

결국 가상화폐는 장점과 단점 둘 다 가지고 있습니다. 가상화폐의 장단점을 명확히 파악해서 현명하게 이용하는 편이 가장 좋겠지요? 가상화폐가 현재 부의 축적 수단으로 각광받고 있는 트렌드를 비롯해, 기존의 화폐와의 공통점 및 차이점을 이해하려는 노력도 함께 해보면 좋을 거예요.

왜 10대는 미리 준비해야 할까? :
시간과 비례하지 않는 '부'

과거의 '부'는 마치 현대의 마일리지처럼 꾸준한 적립이 가능했어요. 예전에는 부를 축적하기 위해서 위험이 큰 상품에 투자하지 않고도 은행의 예금·적금을 통해 차근차근 돈을 불려 나갈 수 있었답니다. 혹은 토지를 보유하고 있으면 일정 정도 그 가치가 상승하여 부가적인 부를 창출했지요.

하지만 현대에는 부의 요소가 다변화하면서 과거의 부가 힘을 잃어가는 경향이 있어요. 왜 그럴까요? 그것은 지난 2,000년간이 전 세계적으로 지속적인 경제적 성장이 이뤄졌던 시기이기 때문입니다.

경제 성장의 시대에는 많은 사람이 물질적 번영을 누릴 수 있었습니다. 케이크가 원체 크기 때문에 케이크를 작게 잘라도 각자가 만족할 만큼 몫이 컸기 때문이죠. 하지만 성장이 둔화되고 심지어는 마이너스의 성장이 지속된다면 나눠 먹을 케이크의 크기가 작아짐에 따라 갈등이 생겨날 수밖에 없는데요. 2010년 후반, 전 세계는 저출산, 저성장, 저금리가 이어지는 뉴노멀new normal 시대를 맞게 되었습니다.

뉴노멀이란 앞서 말했듯이 저출산, 저성장, 저금리의 3저低 현상이 지속되는 시기를 일컫는 말입니다. 그런데 노멀이란 '정상적인' 상태를 의미하죠. 도대체 왜 사람들을 힘들게 하는 저

인구규모와 1인당 GDP 변화 추이

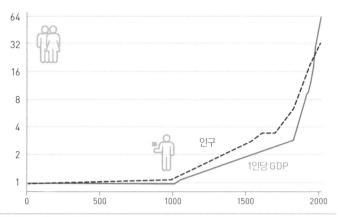

출처: Jones, Romer, 2009

10대가 알아야 할 미래 부의 이동

출산, 저성장, 저금리가 이어지는 시대를 새로운 노멀이라고 부르는 것일까요? 그것은 바로 현시대에 저출산, 저성장, 저금리는 정상적인 상태라고 부를 만큼 일반화되었기 때문입니다. 뉴노멀은 이러한 현상이 새로운 표준으로 자리 잡고 있다는 말이기도 하고요. 하지만 분명히 3저 현상은 우리가 극복해나가야 할 문제이기에 뉴노멀 시대에 살아남으려면 새로운 시대의 표준이 무엇을 의미하는지 이해할 필요가 있습니다.

우선 뉴노멀 시대에 왜 과거의 부가 힘을 잃어 가는지 차근차근 설명 드리도록 하겠습니다. 먼저 저출산 현상이 계속되면 노동력이 감소합니다. 인적 자원은 농업사회에는 노동력 공급자로서, 자본주의 시대에는 투자자로서, 지식정보사회에는 데이터를 제공하고 창의적인 지식을 발현하는 생산자로서 각 시대마다 중요한 역할을 담당해왔습니다. 즉, 지능정보사회에서도 인적 자원은 노동사회처럼 노동력을 제공하는 것뿐만 아니라 데이터를 생산하고, 그 데이터를 바탕으로 새로운 부가가치를 창출하는 중요한 요소인 것이죠. 따라서 저출산이 이어진다는 것은 사회적 부의 손실을 의미합니다.

하지만 전 세계적으로 저출산 현상은 이미 하나의 흐름이 되

한국, 독일, 이탈리아, 일본의 저출산 현황

국가	저출산현상 진입시기 (합계출산율 2.1명)	초저출산현상 진입시기 (합계출산율 1.3명)	초저출산현상 지속기간	합계출산율 최저수준	최근 합계 출산율
한국	1983년	2001년	14년 (2001년~)	1.08명 (2005년)	1.21명 (2014년)
독일	1970년	1992년	4년 (1992~1995년)	1.24명 (1994년)	1.41명 (2013년)
이탈리아	1977년	1993년	11년 (1993~2003년)	1.19명 (1995년)	1.39명 (2013년)
일본	1960년, 1974년	2003년	3년 (2003~2005년)	1.26명 (2005년)	1.43명 (2013년)

출처: 보건복지부·통계청, 2015

전 세계 저성장 상황을 알 수 있는 잠재성장률 추이

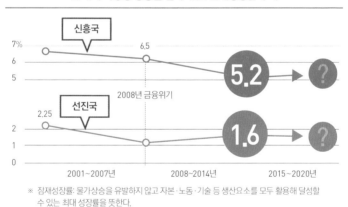

※ 잠재성장률: 물가상승을 유발하지 않고 자본·노동·기술 등 생산요소를 모두 활용해 달성할
수 있는 최대 성장률을 뜻한다.

출처: 보건복지부·통계청, 2015

어버렸습니다. 여성 1명이 평생 동안 낳을 수 있는 평균 자녀수를 합계출산율이라고 하는데요. 이 합계출산율이 2.1명 이하이면 저출산 현상의 기준점이 됩니다. 2명의 결혼을 통해 아이 2명을 낳거나 그 이하의 아이를 갖는다는 것은 인구수가 유지되거나 감소하는 것을 의미하기 때문이죠. 한국은 1983년, 독일은 1970년대부터 저출산 현상이 나타나기 시작했습니다.

더불어 합계출산율이 1.3명 이하가 되는 초저출산 현상의 경우에도 한국은 이미 2001년부터, 독일은 1992년부터 해당 국가가 되었습니다. 각국 정부가 출산율을 높이기 위한 정책을 적용하면서 일부 국가는 합계출산율이 나아졌지만, 아직도 저출산 현상은 지속되고 있습니다.

저출산 현상이 이어짐에 따라 주요 국가들은 성장의 한계에 달하게 되고, 이에 따라 자연스럽게 저성장 현상을 겪고 있습니다. 앞서 말했듯이 출산율이 낮아지면 인구수가 줄고, 그로 인해 노동력 공급과 투자, 데이터 이용, 창의적인 지식을 발현하는 이들도 줄어들게 되기 때문입니다.

특히 모든 생산요소를 활용할 경우 달성할 수 있는 최대 성장률, 즉 잠재성장률을 분석해보면 성장이 둔화되고 있다는

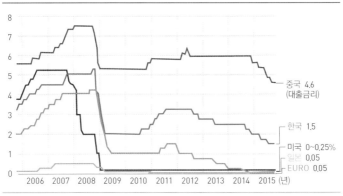

세계의 저금리 현황

중국 4.6
(대출금리)

한국 1.5

미국 0~0.25%
일본 0.05
EURO 0.05

2006 2007 2008 2009 2010 2011 2012 2013 2014 2015 (년)

출처: 연합뉴스, 2015

사실을 뚜렷이 확인할 수 있어요. 개발도상국을 포함해 새롭게 성장 중인 신흥국이 5.2%의 잠재성장률을 보여주고 있지만, 선진국의 잠재성장률은 1.6%에 그쳤습니다. 지금 당장은 개발도상국의 성장으로 전 세계의 성장률이 높아 보일 수 있으나, 개발도상국도 일정한 정도의 발전을 이룬 뒤에는 선진국과 마찬가지로 잠재성장률이 점차 0에 수렴하게 될 것으로 예상됩니다.

저출산과 저성장의 기간이 늘어나면 어떤 일이 벌어질지 한번 상상해보세요. 여러 가지 현상이 나타나겠지만, 먼저 국가

경제의 성장에 대한 국민들의 기대 심리가 낮아질 수 있어요. 또한 미래에 대한 성장을 담보할 수 없어지면 모든 산업에 투자가 줄어들게 되겠죠. 식어가는 냄비에 물이 끓기를 기대하기는 어렵기 때문입니다. 결국 투자가 줄면 금리 또한 낮아지는데요. 금리가 낮아진다는 것은 사람들이 더 이상 은행의 예금·적금 상품만으로는 미래를 대비할 수 없게 되는 것을 의미합니다. 다시 말해 부를 쌓기 위해서는 다양한 방법을 강구해야 한다는 거죠. 즉 저출산, 저성장, 저금리 시대에는 이전 시대처럼 시간에 비례하여 '부'가 축적되지 않아요. 그렇기에 우리는 사소한 변화에 촉각을 곤두세우고 '부'의 새로운 이동에 관심을 가져야만 합니다.

- 역사적 격변기와 부의 의미

- 부의 지역적 이동

- 화폐의 역사

Chapter. 2

부의 역사와 의미

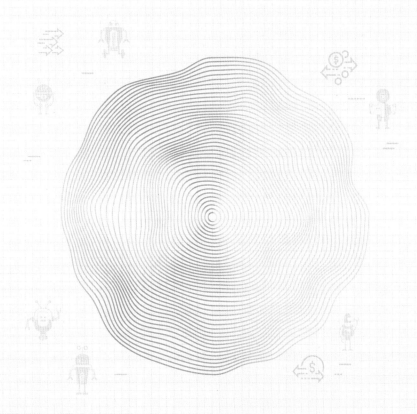

역사적 격변기와
부의 의미

약 9,000년 전 신석기 시대:
농경의 시작에 따른 '소유' 개념의 등장

초기의 인류는 먹을 것을 찾기 위해 여기저기 떠돌아다니면서 동물을 사냥하거나 열매를 채집하며 생활해왔어요. 고대 인류는 부를 축적하는 것과는 거리가 먼 생활을 했습니다. 그러다 약 9,000년 전 신석기 시대에 정착 생활과 농경을 시작하면서부터 소유, 즉 부의 개념이 생겼습니다. 물론 처음에는 내년 농사를 위한 씨앗을 보유하는 정도였지만 점차 농기구가 발달하면서 사람이 먹고 남을 정도의 농작물을 수확하고 소

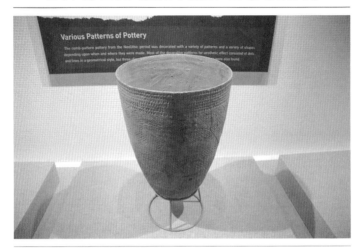

출처: Wikimedia

유하게 됩니다. 저명한 미래학자인 앨빈 토플러는《부의 미래 Revolutionary Wealth》라는 저서에서 농경을 부의 제1의 물결, 최초의 부 창출 시스템이라고도 표현했답니다.

농경을 통한 잉여 생산물은 처음에는 공동체의 소유였어요. 그런데 시간이 지나면서 이런 생산물들을 관리하는 사람이나 마을의 족장이 잉여 생산물의 대부분을 소유하면서 지배계층이 생겨나고 부의 불평등한 분배가 이뤄지기 시작합니다.

BC 1,200년경 : 바닷길을 통한 무역의 시작, 페니키아인

페니키아는 기원전 1,200년경 지중해 동쪽(오늘날의 레바논 지역) 해안에서 발달한 도시국가 연합이에요. 페니키아인들은 바다를 항해하며 교역을 했던 최초의 민족이며, 우수한 선박 제조기술과 항해기술을 바탕으로 지중해 전역을 장악하며 많은 부를 얻었지요. 특히 페니키아인이 개발한 2단으로 노를 젓는 갤리선(고대, 중세에 쓰던 배의 종류)은 당시 가장 빠르고 강력한 전함이었다고 해요.

이렇게 페니키아인이 해상무역의 강자가 된 데에는 자연환경도 한몫을 했답니다. 페니키아 지역은 항구의 입지가 좋기도 했지만 농업만으로는 충분한 식량을 얻을 수가 없었습니다. 그래서 상업을 시작하게 되었고, 레바논 지역에는 단단하고 잘 썩지 않는 질 좋은 삼나무가 많이 자라 항해하기 좋은 튼튼한 배를 만들 수 있었거든요.

좋은 목재로 만들어진 배는 갖가지 상품을 다른 국가에 전달하고 그 대가로 부를 받는, 현재의 무역 시스템을 구축하는 데 도움을 주었습니다. 그 당시 페니키아인은 목재가 부족했던 이집트와 메소포타미아 지역에 삼나무를 수출했답니다. 이 밖에도 페니키아인은 조개류에서 자주색(붉은색) 염료를 얻는 특별한 기술이 있어 이 염료를 그리스 등지에 팔았어요. 페니키아는 그리스어로 포이닉스_{Phoinics}라고 하는데 자주색(붉은색)을 뜻한다고 해요.

그리고 페니키아인은 여러 나라와 무역을 편리하게 하기 위해 문자를 만들었는데요. 이 문자가 바로 페니키아인이 인류에 남긴 가장 큰 유산인 알파벳이에요. 이들은 당시 강대국이었던 이집트, 메소포타미아와 거래하면서 두 나라의 문자를 동시에 사용하다가 간편한 자신들만의 알파벳을 발명했지요. 페니

페니키아 선박(좌)과 페니키아 알파벳(우)

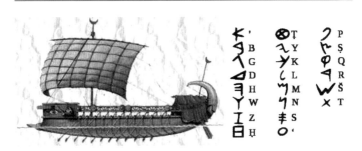

출처: phoenicia.org, Wikimedia

　　　　　　　　　　　10대가 알아야 할 미래 부의 이동

키아 알파벳은 현재 세상에 존재하는 모든 알파벳의 원형으로 2005년 유네스코 세계기록유산에 등재되었답니다.

BC 8세기~AD 5세기경 : 고대 유럽 경제의 중심, 로마제국

'모든 길은 로마로 통한다'는 말처럼 고대 로마는 당시 지중해 세계의 중심지였습니다. 로마는 지속적인 대외 정복 전쟁을 통해 영토를 넓히고, 노예를 포함한 전리품으로 막대한 부를 축적할 수 있었어요. 당시 로마 경제의 기본은 노예제로 노예들이 생산활동의 많은 부분을 차지했으며, 상업을 경시하여 상업 역시 주로 노예나 하층민이 담당했습니다. 평민들은 농업에 종사하며 전쟁에 참여하였지요. 로마가 전쟁으로 크게 성장하는 과정에서 평민들이 큰 역할을 했다고 해요. 많은 고대 국가들이 직업군인인 용병을 고용해 전쟁을 했던 것과 달리 로마는 평민인 시민병들이 나라를 지켰어요. 시민병들은 무장을 개인적으로 조달했기 때문에 재산에 따라 무장이 달라지고 역할도 달랐지만 내 가족과 재산을 지키기 위해 용감히 싸웠어요.

강대해진 로마제국은 자신들의 힘을 이용하여 중국을 비롯한 동쪽의 나라들과 교역을 하기도 했답니다. 여러분이 한번쯤 들어봤을 실크로드가 바로 로마제국이 이용한 교역로에요. 실크로드를 통해 향신료와 당시만 해도 서양보다 발전한 동양의 과학기술들을 받아들이면서 로마제국은 주변국가보다 더 부유해지는 초석을 마련했답니다.

부유해진 로마제국은 제국 안에서 동일한 화폐를 이용하여 세금을 걷거나 군비를 지출하는 등 모든 일을 화폐로 처리할 수 있을 정도로 화폐경제가 발달했어요. 화폐를 만드는 데 주로 금이나 은이 사용되었기 때문에 화폐 자체가 가치를 지니고 있었지요. 그런데 로마의 세력이 확장되면서 점점 더 많은 화폐가 필요하게 되었는데, 로마 귀족들의 사치로 비단의 인기가 급증하여 많은 화폐가 중국으로 흘러들어가 금과 은이 부족한 현상이 발생했어요. 결국 화폐에 포함된 금과 은의 양을 줄였는데 이에 따라 화폐의 가치가 지속적으로 떨어지면서 물가가 크게 상승하는 인플레이션 현상이 지속되었어요. 결국 세금을 화폐가 아닌 현물로 받기 시작할 정도에 이르렀고, 경제가 다시 물물교환 형태로 돌아가게 되는 원인이 되었어요.

앞에서 살펴본 화폐경제의 몰락, 그리고 평민들이 장기간 전

서기 240년, 40%　　　서기 250년, 30%　　　서기 260년, 20%　　　서기 270년, 5% 이하

출처: Wikimedia

쟁에 동원됨에 따라 제대로 농업 활동에 종사하지 못하게 되면서 경제적인 어려움을 겪었습니다. 심지어 빚을 갚지 못해 노예로 전락하는 평민들이 나타났고, 정복전쟁의 한계로 노예가 부족해짐에 따라 노예 가격이 상승했습니다. 또, 노예 중심의 생산 구조로 인한 기술 발전에 대한 의지 부족, 노예제의 근본적 한계에서 오는 생산성 하락 등의 문제가 로마의 정치, 사회, 종교적 이유와 맞물려 영원할 것만 같았던 로마제국을 멸망시키는 원인이 되었습니다.

5세기~13세기경: 중세 장원제도와 도시의 발전

5세기 서로마제국이 멸망하면서 생산 활동의 근본이었던 노예제도가 무너졌어요. 대신 성을 중심으로 넓은 토지를 지배했

TIP 실크로드Silk Road란?

실크로드는 말 그대로 비단Silk 길Road이라는 뜻이에요. 물론 길에 비싼 비단을 깔았다는 것은 아닙니다. 비단길은 고대 동양과 서양, 특히 중국과 유럽이 무역을 했던 길을 말해요. 특히 비단을 사랑했던 로마인들에게 중국의 비단이 많이 수출되었기 때문에 독일의 지리학자인 리히트호펜Richthofen이 비단길이라는 이름을 붙여주었어요. 실크로드는 동양과 서양의 상업적 교류뿐만 아니라 과학기술, 문화 교류도 이루어진 중요한 교역로였답니다.

실크로드

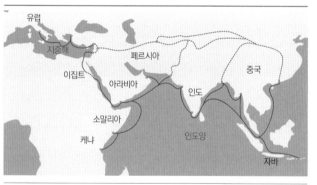

출처: Wikimedia

던 '영주'와, 영주의 보호 아래 땅을 경작할 권리를 받은 '농노'의 신분관계가 등장했습니다. 그리고 영주로부터 농노가 딸린 땅을 받아 생활하면서 영주를 보호하고 영주 대신 전쟁에 나

장원에서 일하는 농노(1440년경 작품)

출처: Wikimedia

가는 '기사' 신분도 생겼어요. 즉, 중세 봉건제도는 영주, 기사, 농노라는 신분구조로 이루어졌죠. 이렇게 성을 중심으로 만들어진 경제 단위를 '장원'이라고 합니다. 의식주의 대부분이 장원 내에서 이뤄지는 자급자족 형태였어요. 당시 이슬람 세력이 지중해 일대를 장악하고 있어 유럽의 여러 나라는 실크로드를 이용하던 로마제국 시절과는 다르게 동양과의 교류 등 자유로운 상업활동을 하기 어려웠거든요. 혹시 잉여 생산물이 생기면 이웃 장원과 물물교환으로 거래가 이뤄지는 정도였지요.

중세 초기 농노의 삶은 늘 힘들었어요. 농노는 일주일에 3일은 영주의 땅에서 일해야만 했고, 임대한 땅에서 나온 생산물 중 일부를 임대료로 내면 남는 것이 별로 없었거든요. 게다가 낚시, 사냥을 하거나 물레방아 등 영주의 시설을 사용하면 그 대가를 지불해야 했고, 심지어 결혼을 하는 것도 영주의 허락을 받고 세금까지 내야 했어요. 농노는 노예와 달리 자신의 집과 가족, 경작권을 가진 땅이 있어 보다 자유로웠지만 세금의 부담이 너무 커서 장원에서 도망치는 경우도 많았다고 해요.

10세기경부터 농기구와 농업기술이 발전하면서 농업생산성이 크게 높아졌어요. 식량이 늘어나니 자연스럽게 인구가 증가하고, 또한 잉여 생산물 거래가 활발해지면서 상업활동과 화폐경제가 다시 발전해 도시가 성장하게 되었답니다. 도시에 상인

10대가 알아야 할 미래 부의 이동

과 수공업자들이 늘어났고, 임대료와 세금을 화폐로 지불하면서 세금 부담이 줄어든 많은 농노들이 돈을 내고 자유농민이 되자 장원 제도는 점점 사라지게 되었어요.

11세기~15세기경 : 십자군 원정과 지중해 상권의 번영

십자군 원정은 서유럽의 크리스트 교도들이 성지 예루살렘을 이슬람교도들로부터 탈환하겠다는 명목으로 일으킨 전쟁이

1차 십자군 원정과 예루살렘 정복

출처 : Wikimedia

에요. 1096년 1차 십자군 원정을 시작으로 약 200년간 8차례의 원정이 있었는데, 1차 원정에서 예루살렘을 탈환한 것을 제외하고는 모두 실패했답니다.

그런데 사실 십자군 원정이 종교적인 목적에서만 이뤄졌다고 하기는 어려워요. 시간이 지날수록 새 땅을 확보하거나 경제적 이익을 목적으로 원정에 참여하는 사람들이 많아졌거든요. 성지 탈환이라는 본래 목적을 달성하지는 못했지만 십자군 원정은 동서 교역을 촉진시키는 데 기여하였으며, 지중해 연안 국가의 상인들이 원정군이 필요한 물자를 공급하면서 부를 축적할 수 있게 만들어주었지요. 그 결과 베네치아가 지중해 상권을 장악하며 유럽 최대의 상업도시로 성장하게 되었답니다. 여러분도 잘 아는 《베니스의 상인》이 바로 이 시대의 베네치아를 무대로 다룬 작품이랍니다.

《베니스의 상인》 속 고리대금업과 유대인

    《베니스의 상인》은 지중해 무역의 중심지였던 베네치아를 배경으로 쓰여진 셰익스피어의 작품이에요. 베니스는 베네치아의 영어식 명칭이지요. 작품에 등장하는 베니스의 상인 안토니오는 친구 바사니오를 위해 자신의 배를 담보로 유대인 고리대금업자 샤일록에게 3,000두카트의 돈을 빌리고, 만약 갚지 못하게 되면 안토니오의 가슴살 1파운드를 주기로 하지요. 3,000두카트는 현재 가치로 5억 원에 달하는 큰돈이에요.

    하지만 안토니오는 자신이 가지고 있던 배가 난파당하자 모든 재산을 잃고 목숨을 잃게 될 처지에 빠졌어요. 이 사실을 알게 된 바사니오의 부인 포셔가 몇 배라도 돈을 갚아주겠다고 했지만 샤일록이 노리는 것은 안토니오의 목숨이었기 때문에 이를 받아들이지 않았어요.

재판 당일 포셔는 재판관으로 변장하고 샤일록에게 자비를 베풀 것을 권했지만 샤일록은 1파운드의 살을 베겠다고 고집을 부렸지요. 결국 샤일록이 칼을 들고 안토니오를 베려는 순간 포셔는 1파운드의 살을 베되 피는 단 한 방울도 흘리면 안 된다는 판결을 내립니다. 계약 증서에 피에 대한 내용은 없었기 때문이지요. 그 결과 안토니오는

《베니스의 상인》 표지(1619년)(좌)와 작품 속 장면을 그린 그림(토마스 설리, 1835년)(우)

출처: Wikimedia

10대가 알아야 할 미래 부의 이동

목숨을 건지고, 샤일록은 전 재산을 빼앗기게 됩니다.

샤일록은 왜 그렇게 안토니오의 목숨을 노렸을까요? 샤일록은 돈을 빌려주고 비싼 이자를 받는 고리대금업자였던 반면에 안토니오는 어려운 사람들에게 이자를 받지 않고 돈을 빌려주는 착한 상인이었어요. 샤일록은 그런 안토니오가 미웠던 것이지요.

중세에는 고리대금업뿐만 아니라 돈을 빌려주고 이자를 받는 행위 자체가 매우 나쁜 것으로 여겨졌어요. 돈을 빌릴 정도로 불행한 처지에 있는 사람들을 이용해 돈을 버는 것이기 때문이었지요. 그래서 고리대금업이 아예 교회법으로 금지되기도 했어요. 하지만 상업이 발달하면서 고리대금업의 필요성이 커졌고, 교회법으로부터 자유로웠던 유대인들이 이를 담당하면서 큰 부자가 되었어요. 따라서 사회적으로 이런 유대인들이 곱게 보일 리가 없었고 《베니스의 상인》에서도 샤일록은 악랄한 모습으로 그려지지요.

유대인들은 유대교를 믿고 따르며 그들만의 문화를 이어온 사람들이에요. 131년 로마의 통치에 대해 반란을 일으켜 하드리아누스 황제가 예루살렘으로부터 유대인을 추방한 이후 한 곳에 정착하지 못하고 세계 각지로 흩어졌어요. 유대인들은 다른 민족으로부터 차별

대우를 받았으며, 특히 예수를 죽인 민족이라는 이유로 기독교인들의 멸시를 받았지요. 유대인들은 제대로 된 직업조차 가질 수 없어 중세 사회에서 천대받던 상업이나 금융업(고리대금업)에 종사해야 했는데, 오히려 그 결과 오늘날 세계 경제에서 유대인들은 막강한 지위와 영향력을 가지게 되었어요.

15세기~18세기경 : 대항해 시대와 상업혁명

15세기 무렵에 시작된 대항해 시대는 서유럽 국가들을 중심으로 새로운 뱃길을 개척하고 신대륙을 찾아나선 시기를 말해요. 이 시기에 콜롬버스의 항해로 1492년 아메리카 대륙이 발견되었고, 1498년 바스코 다 가마는 아프리카 대륙을 거쳐 인도로 가는 항로를 개척했지요. 이를 통해 유럽 국가들이 아프리카, 인도, 중국, 남아메리카와 직접 교역할 수 있게 되었어요. 대항해 시대 이전까지 유럽 무역의 중심지는 지중해였으나 부

신대륙을 아메리카로 표기한 최초의 지도(발트제뮐러, 1507년)

출처 : Wikimedia

의 중심이 대서양 연안으로 이동하게 되었죠. 신대륙으로부터 엄청난 양의 금과 은이 들어와 유럽에서 물가가 치솟는 가격혁명이 일어나고 그 전까지 번영했던 남부 독일의 은광이 점차 쇠퇴하였지요. 대항해 시대에 일어난 이러한 사회적, 경제적 변화를 상업혁명이라고 한답니다.

18세기 중반~19세기 초반 : 1차 산업혁명과 자본주의의 발전

18세기 영국을 중심으로 기술적, 경제적으로 큰 변화와 발전이 일어나는데 이를 산업혁명이라고 해요. 산업혁명의 시발점은 면공업 분야입니다. 방적기(실을 만들어 내는 기계)와 역직기(동력으로 천을 짜는 기계, 동력방직기)의 개발과 보급으로 기존에 수공업으로 하던 생산활동에 기계가 본격적으로 도입되었답니다. 이에 따라 기계를 활용하여 생산하는 다양한 공장이 생기기 시작했어요.

그리고 제임스 와트가 개량한 증기기관이 공장에 적용되어 생산성이 크게 향상되었지요. 그 전까지는 사람의 힘으로 실을 한 가닥씩 생산했던 것을 생각하면 정말 큰 발전이라고 할 수 있겠죠?

공장을 짓고 공장에서 제품을 생산하기 위해 원자재를 구매하거나 근로자에게 임금을 주기 위해서는 돈, 즉 자본이 필요해요. 초기 소규모 공장에는 그리 큰 자본이 필요하지 않았지만, 공장을 지어 큰 수익을 얻을 수 있으리라고 기대한 투자자들에 의해 많은 투자자본이 형성되면서 공장의 수와 규모가 확대되었어요. 이러한 투자자본들은 기반 시설인 광산이나 제철소에도 투입되어 산업혁명을 가속화시켰습니다. 이는 우리가 알고 있는 자본주의가 발전하는 토대가 되었지요.

자본주의가 발전하는 과정에서 사회적으로는 자본가와 임금 노동자 계급이 생겨났어요. 그런데 당시 노동자들은 긴 노

 TIP 전력의 단위 와트의 유래

혹시 형광등 교체가 필요할 때 "몇 와트짜리 형광등을 사야 하지?"라는 말 들어보신 적 있나요? 와트w는 전력의 단위로 1초 동안 소비되는 전기 에너지를 말해요. 눈치 채셨겠지만 여기서 와트는 증기기관의 확산으로 1차 산업혁명 시대를 여는 데 지대한 공헌을 한 제임스 와트James Watt의 이름에서 따온 것이랍니다.

크롬포드 공장(최초의 수력 방적공장)

출처: Wikimedia

동 시간에도 불구하고 임금이 낮았으며, 심지어는 어린 아이
들까지도 노동 활동에 참여하는 등 문제가 많았습니다. 노동
자들의 이러한 열악한 처우를 개선하기 위한 사회운동이 활
발하게 일어났답니다. 노동자들이 자신들의 일자리를 뺏는 기
계의 도입을 반대하면서 기계를 파괴했던 '러다이트 운동Luddite
Movement'도 이 시기에 일어났어요.

러다이트 운동

출처: Wikimedia

19세기 중반~20세기 중반:
제2차 산업혁명, 두 차례의 세계대전, 그리고 미국의 번영

영국에서 시작된 산업혁명은 프랑스, 독일, 미국 등으로 확산되며 2차 산업혁명으로 이어졌어요. 제2차 산업혁명은 대략 19세기 중반에서 20세기 초반에 해당하는 시기로 공장에 전기

에너지가 보급되면서 컨베이어 벨트를 통해 대량생산이 가능하게 되었습니다. 또, 기술의 혁신에 따라 산업 구조가 단순 소비재 중심에서 화학, 철강, 전기, 석유 등 생산재 산업으로 변화하였습니다. 덕분에 고속도로, 전기시설 등 사회적 인프라가 확대되었고 전화, 텔레비전, 라디오 등 통신과 미디어가 발달하게 되었지요. US스틸, 제너럴일렉트릭 등 대기업이 등장하여 이러한 기술의 혁신을 주도하였습니다.

1914년 발발한 제1차 세계대전에 참전한 유럽의 국가들은 큰 피해를 입었습니다. 그런데 미국은 인명과 재산 피해가 상대적으로 매우 적었을 뿐만 아니라 연합국에 물자를 공급함으로써 경제적으로 큰 이익을 얻었지요. 이러한 변화에 따라 제1차 세계대전 이후 부의 중심지가 유럽에서 미국으로 이동하였어요. 그 이후 지금까지 미국은 세계 경제의 중심지가 되었고, 미국의 화폐인 달러가 전 세계 화폐의 기준인 기축통화로 굳혀졌습니다. 미국이 세계 경제 중심지로 얼마만큼의 영향력을 가지고 있는지는 대공황 사건을 통해 여실히 알 수 있는데요. 대공황은 미국 경제의 침체가 전 세계 경제의 불황으로 이어지는 사건이었습니다.

포드 자동차 조립 라인에서 일하는 근로자들(1913년)

출처: Wikimedia

그러던 1939년, 제2차 세계대전이 발발했고 미국을 제외한 자본주의 국가들이 큰 피해를 입었습니다. 이때 미국은 전쟁물자를 공급하면서 경제가 되살아났고 대공황의 여파에서 벗어나 세계 최고 경제 대국의 지위를 굳혔습니다.

대공황이란?

경제 공황은 생산과 소비의 균형이 깨지고 산업이 침체하는 등 경제적인 위기 상황을 말해요. '검은 목요일'이라고 불리는 1929년 10월 24일 뉴욕 월 스트리트의 주식거래소에서 주가가 크게 폭락한 데서 발단이 되어 약 10년간 지속된 세계 역사상 가장 길고 심각한 경제 불황을 '대공황Great Depression'이라고 합니다.

제1차 세계대전 이후 미국은 경제적 번영을 누리는 것처럼 보였지만, 과잉 공급에 비해 임금이 낮고 실업률이 높아 소비는 크게 위축되었지요. 이렇게 경제적 불균형이 있었지만 이와 관계없이 미국의 주식 시장은 과열되고 있었어요. 이런 상황에서 갑작스런 주식의 폭락은 수많은 개인투자자와 금융기관의 파산을 가져왔고, 물가의 폭

주식 폭락 후 월 스트리트에 모인 군중(좌)과 무료 급식소 앞 실직자 행렬(우)

출처: Wikimedia

락, 생산활동의 축소 등 경제적 연쇄 반응을 일으켰습니다.

대공황은 미국에서 시작되었지만 전 세계 자본주의 국가에 크게 영향을 미친 심각한 사건이었어요. 대공황 후 3년간 세계 무역량이 60% 이상 감소했으며, 세계 물가가 3분의 1 수준까지 떨어지고 실업률이 급증하는 등 경제상황이 크게 악화되었지요.

시장경제에 의해 자연적으로는 경제상황이 좋아지지 않자 미국의 루즈벨트 대통령은 정부가 경제 문제에 직접 개입하는 '뉴딜New Deal' 정책을 추진했어요. 실업자들에게 일자리를 제공하기 위해 테네시 강 유역을 개발하는 대규모 공공사업을 벌이기도 하고, 농민을 보호

하기 위해 팔고 남은 농산물을 정부가 사들이기도 했지요. 이런 노력을 통해 미국은 대공황에서 점차 벗어날 수 있었답니다.

그런데 독일과 일본은 다른 나라를 침략해서 이 위기를 극복하려고 했고 그 결과 제2차 세계대전이 발발했습니다. 이 전쟁으로 많은 나라가 엄청난 피해를 입었지만 아이러니하게도 세계 경제를 대공황에서 벗어나게 한 1등 공신이 바로 제2차 세계대전이었어요. 전쟁 물자를 공급하거나 전쟁으로 파괴된 사회 인프라를 복구하기 위해 많은 일자리와 생산이 필요했기 때문이지요. 국가의 부를 회복하기 위한 방안을 어떠한 방향으로 설정하느냐가 전 세계에 어떤 변화를 끼치는지 미국과 독일, 일본의 사례를 보면 잘 알 수 있겠죠?

20세기 중반 이후:
제3차 산업혁명, 정보화 혁명이 가져온 산업 전반의 혁신

1969년 미국 국방부에서 다른 여러 기관과 정보 공유를 통한 협력을 하기 위해 컴퓨터 네트워크 '알파넷ARPAnet'을 선보였어요. 알파넷은 인터넷의 시조라고 할 수 있죠. 이후 컴퓨터 사용이 확대되고, 특히 1990년대부터 인터넷이 보편화됨에 따라 정보의 양과 확산 속도가 급격히 증가했어요. 예전에는 정보를 찾기 위해 백과사전 또는 관련 서적을 찾아보거나 주변 사람에게 물어봐야 했어요. 그래도 원하는 정보를 찾기가 쉽지 않았지요. 그런데 요즘은 어떤가요? 인터넷 검색창에 찾고 싶은 내용을 검색하면 순식간에 엄청난 양의 정보가 나타나죠. 이렇게 컴퓨터와 인터넷을 기반으로 일어난 지식정보 혁명을 제3차 산업혁명이라고 합니다. 특히 스마트폰이 등장하고 일반화되면서 이런 정보 혁명은 더욱 빠르게 진행되었지요.

이 시기에는 컴퓨터 하드웨어와 소프트웨어, 통신장비 및 관련 서비스 등 IT 산업이 크게 발전했습니다. 이러한 ICT 산업의 발전이 다른 제조업, 금융업, 서비스업 등 타 산업의 발전을 가속화시킴으로 인해 새로운 부를 창출했답니다. 예를 들어 기업에 컴퓨터가 빠른 속도로 보급되면서 경영진이 보다 신속한 의사결정을 내릴 수 있게 되었으며, 공장에서의 생산이나 재고 관리 역시 자동화되면서 기업의 생산성이 더욱 높아졌습니다.

초기 IBM, 인텔, 시스코, 마이크로소프트 등의 기업이 컴퓨터와 인터넷 확산에 크게 기여하였다면 현재는 구글, 애플, 아마존, 페이스북과 같이 방대한 데이터를 확보한 글로벌 IT 기업이 성장을 주도하고 있으며, 이러한 기업들은 새로운 혁명을 준비하기 위해 서로 경쟁하며 노력 중이랍니다.

기술 혁신의 상징인 미국 실리콘밸리

출처: Shutterstock

10대가 알아야 할 미래 부의 이동

부의
지역적 이동

지금까지 시간의 흐름을 중심으로 부의 이동을 살펴보았습니다. 그럼 이제 지역적으로는 부의 이동이 어떻게 일어났는지 한번 알아보겠습니다.

다음 쪽의 그래프는 지난 2,000년간 주요 강대국들이 전 세계 GDP_{Gross Domestic Product}에서 차지하는 비중을 보여주고 있어요. GDP는 한 나라에서 일정 기간(보통 1년)에 만들어진 재화나 서비스 가치의 합계로 '국내총생산'이라고도 해요. GDP는 나라의 경제력을 알려주는 지표로 활용되고 있지요. 그래프 위쪽의 붉은색 부분을 살펴보면 아시아의 강대국인 중국, 인도, 일본이 전 세계 GDP에서 차지하는 비중을 알 수 있어요.

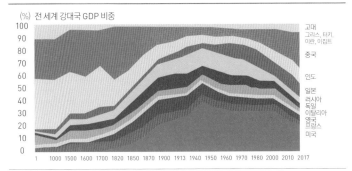

세계 강대국의 GDP 비중

(%) 전 세계 강대국 GDP 비중

고대 그리스, 터키, 이란, 이집트
중국
인도
일본
러시아
독일
이탈리아
영국
프랑스
미국

※ 경제사학자인 앵거스 매디슨(Angus Maddison)의 연구 자료를 바탕으로, 2008년 이전 자료는 JP 모건의 마이클 셈발리스트(Michael Cembalest), 2008년 이후 자료는 비주얼캐피탈리스트 (Visualcapitalist)에서 작성
출처: Visualcapitalist

그래프를 보면 대략 전 세계 부의 중심이 아시아에서 미국, 유럽으로 이동했다가 다시 아시아로 점점 이동하고 있다는 것을 알 수 있어요.

근대 이전: 세계 부의 중심, 아시아

마르코 폴로의 《동방견문록》에 대해 들어보셨나요? 당시 서양에 잘 알려져 있지 않던 동양에 대한 호기심을 자극하며 유럽인들에게 선풍적인 인기를 얻은 책이며, 특히 콜럼버스가 이

책을 읽고 신대륙 발견에 대한 의지를 불태웠다고 해요. 마르코 폴로는 이 책에서 중국의 도시, 경제, 문화, 신기술 등을 소개하며, 중국을 무역과 산업이 크게 발전한 땅으로 소개했습니다. 실제로 마르코 폴로가 중국을 방문했던 13세기 말 중국은 세계에서 가장 부유한 나라였어요. 재미난 것은 《동방견문록》에는 주로 중국에 대한 이야기가 많은데 유럽인들은 인도에도 큰 관심을 보였다고 해요. 마르코 폴로가 인도에는 금은보화가 길거리에 나뒹굴었다고 기록했기 때문이랍니다.

마르코 폴로가 중국을 방문했던 13세기는 물론, 불과 200~300년 전까지만 하더라도 세계의 부는 중국과 인도를 중

마르코 폴로 여행 상상도(좌)와 《동방견문록》 본문 중(1298년)(우)

출처: Wikimedia

심으로 아시아 지역에 집중되어 있었어요. 서기 1년에는 인도가 세계 경제의 3분의 1, 중국이 세계 경제의 4분의 1을 차지할 정도였지요. 왜냐하면 산업혁명 이전까지는 생산 활동에 기계를 사용하는 등의 커다란 기술적 혁신이 없었기 때문입니다. 당시 생산성은 얼마나 많은 사람이 얼마나 많은 시간 동안 노동에 투입되었는가에 달려 있었지요. 따라서 각 나라의 GDP는 인구 성장과 밀접한 관계가 있었습니다. 실제 서기 1년 인도와 중국에 각각 전 세계 인구의 3분의 1, 4분의 1이 살고 있었답니다. 그래서 산업혁명이 일어나기 전인 1,800년경까지의 그래프는 나라별 GDP 비중을 나타내기도 하지만 대략적인 전

전 세계 1인당 GDP 추이

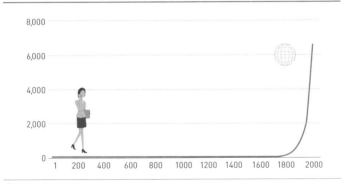

출처: Visualcapitalist

10대가 알아야 할 미래 부의 이동

세계 인구 분포를 나타내기도 해요.

산업혁명: 유럽·미국으로 부의 이동

앞에서 살펴보았듯이 영국에서 시작된 산업혁명을 통해 생산성이 급격하게 향상되었어요. 그 결과 산업혁명의 진원지인 유럽 국가가 크게 성장하면서 세계 경제에서 유럽이 차지하는 비중이 점차 커졌습니다. 이어 2차 산업혁명과 제1, 2차 세계 대전으로 크게 성장한 이래 미국이 지금까지 세계 최대 경제 대국의 지위를 지키고 있습니다. 1900년부터 1980년까지 전 세계 GDP의 70~80%가 유럽과 미국에 집중되어 있었을 정도였지요. 이것은 유럽과 미국의 1인당 생산성이 전 세계 평균보다 2~3배 높았기 때문이에요. 아시아는 많은 인구에도 불구하고 1인당 생산성이 낮았기 때문에 세계 경제에서 차지하는 비중은 상대적으로 급격히 감소하게 되었어요.

21세기: 다시 도약하는 아시아 경제

유럽과 미국을 중심으로 한 기술 혁신은 점차 세계 곳곳으로 확산되었어요. 특히 중국은 1980년대 등소평이 중국을 개방하고 시장경제를 도입한 이래 급격하게 성장했답니다. 이에 따라 많은 국가들이 인건비가 저렴한 중국에 공장을 설립하면서 대규모 자본을 투자했고, 중국은 투자에 힘입어 노동 집약적인 산업을 육성했어요. 또, 첨단 기술산업을 발전시키기 위해 노력한 결과 다시 세계 최대 경제규모를 보유한 국가가 되었죠.

인도는 1947년 영국으로부터 독립할 당시 전형적인 농업국가였어요. 1991년 경제개혁 이후 시장 개방과 자유화를 지속적으로 추진해왔으며, 세계적인 수준의 소프트웨어 및 IT 서비스 산업을 중심으로 크게 성장하고 있어요. 특히 2014년부터 외국인 투자 확대, 인프라 확대 등 정부 주도의 강력한 경제정책을 시행하면서 매년 7% 이상의 경제성장률을 기록했어요. 또한 현재 인도의 인구는 약 13억 명으로 세계 2위 규모의 내수시장을 가지고 있으며, 폭발적인 인구 성장세는 젊은 인구의 비중을 높여 인도 경제에 활력을 불어넣는 요인이 되고 있지요.

일본은 제2차 세계대전에서 패한 이후 심각한 경제적 위기를 맞았으나, 1950년 한국전쟁에서 군수산업을 통해 성장의 발판을 마련하였고, 이후 적극적으로 신기술을 도입하면서 가파르게 성장했습니다. 1990년대 부동산 거품이 빠지면서 장기 침체가 이어지고 있지만 지금도 과학기술 및 첨단 산업에서 여전히 선두 자리를 지키고 있어요.

우리나라는 1950년 6·25 전쟁을 겪으면서 수없이 많은 사람이 죽거나 다쳤고, 집이나 도로, 공장 등 시설들이 파괴되어 경제적으로 매우 어려운 시기를 보냈어요. 미국으로부터 식량이나 소비재 등을 지원받아 겨우 살아갈 수 있는 수준이었지요.

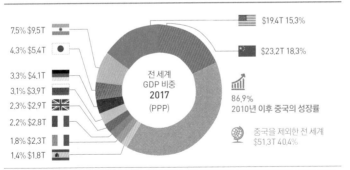

2017년 국가별 GDP(PPP*)

7.5% $9.5T
4.3% $5.4T
3.3% $4.1T
3.1% $3.9T
2.3% $2.9T
2.2% $2.8T
1.8% $2.3T
1.4% $1.8T

전 세계
GDP 비중
2017
(PPP)

$19.4T 15.3%

$23.2T 18.3%

86.9%
2010 이후 중국의 성장률

중국을 제외한 전 세계
$51.3T 40.4%

※ 구매력 평가(PPP, Purchasing-Power Parity) GDP는 각 나라의 물가수준까지 반영한 GDP로 2017년 기준 중국 1위, 미국 2위, 인도 3위, 일본 4위, 대한민국 14위를 기록했다.
출처 : Visualcapitalist

그러나 1960년대 시작된 경제 개발 5개년 계획 등 정부 정책과 국민의 노력으로 경제가 급속도로 성장하여 1995년에는 1인당 GDP 1만 달러를 달성했어요. 우리나라의 이런 급격한 성장을 제2차 세계대전 이후 서독의 경제적 발전을 이르는 '라인 강의 기적'에 빗대어 '한강의 기적'이라고도 하지요.

1997년 외환위기로 대기업들이 도산하고 실업자가 속출하는 등 대한민국 경제가 크게 흔들리는 상황을 맞기도 했지만 이를 슬기롭게 극복하고 지속적으로 경제 성장을 이뤄내 2006년 1인당 GDP 2만 달러대에 진입하였어요. 특히 현재는 세계 최고 수준의 초고속 인터넷 인프라를 바탕으로 ICT 강국 중 하나로 인정받고 있답니다. 이에 경제성장이 주목되는 국가의 그룹인 틱스TICKs에 한국이 선정되는 등 미래 성장이 더 기대

한강 나룻배(1962년)(좌)와 한강의 야경(2015년)(우)

출처: 〈조선일보〉

10대가 알아야 할 미래 부의 이동

되는 국가로 거듭나고 있지요.

지금까지 살펴본 것과 같이 아시아 국가들을 중심으로 한 경제 성장으로 전 세계 GDP에서 유럽과 미국이 차지하는 비중이 점차 감소하여 2010년에는 1860년과 비슷한 50% 수준까지 떨어졌어요. 프랑스의 경제학자 토마 피케티Thomas Piketty는 《21세기 자본론》에서 유럽과 미국이 전 세계 GDP에서 차지하는 비중이 점차 감소하여 21세기 어느 시점에는 유럽과 미국의 비중이 산업혁명 전 수준인 20~30%에 이를 가능성이 크다고 전망했습니다. 이는 전 세계 인구에서 유럽과 미국이 차지하는

지역별 1인당 GDP 추이

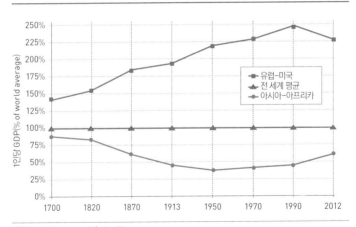

출처: piketty.pse.ens.fr/cpital21c

비중과도 일치하며, 미래에는 91쪽의 그림과 같이 지역별 1인당 생산성의 차이가 좁혀진다는 것입니다.

TIP **브릭스**BRICs vs **틱스**TICKs

브릭스BRICs는 2000년대 초 경제 강국으로 새롭게 떠오른 브라질Brazil, 러시아Russia, 인도India, 중국China의 머리글자를 따서 만든 용어에요. 2010년부터 남아프리카공화국South Africa을 포함하여 'BRICS'라고도 쓰지요. 실제로 브릭스 국가들은 10년 이상 전 세계 경제 성장에 많은 기여를 해왔답니다.

그런데 국제유가 하락 등 원자재 가격이 폭락함에 따라 원자재 의존도가 높은 브라질과 러시아는 경기 침체의 늪에 빠지게 되었지요. 이를 반영하듯 2016년 1월 영국의 비즈니스 신문인 〈파이낸셜 타임즈〉는 '브릭스BRICs는 지고 대신 틱스TICKs가 뜬다'라는 제목의 기사를 실었어요. 여기서 틱스TICKs는 대만Taiwan, 인도India, 중국China, 대한민국South Korea의 머리글자를 딴 것이에요. 즉, 브릭스에서 브라질과 인도가 빠지고 대만과 대한민국이 새롭게 포함되었답니다. 대만과 대한민국은 첨단 기술, IT 강국이라는 공통점이 있지요. 그리고 자리를 지킨 중국, 인도 역시 IT를 중요한 성장 동력으로 키우고 있는 나라들이에요. 즉, 브릭스에서 틱스로의 변화는 세계 경제에서 부를 창출하는 산업으로 원자재 산업은 쇠퇴하고 IT 산업의 중요성이 점차 커지고 있다는 것을 보여주고 있답니다.

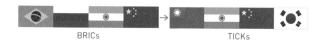

BRICs → TICKs

화폐의 역사

화폐의 사전적 정의는 '상품 교환 가치의 척도가 되며 그것의 교환을 매개하는 일반화된 수단'입니다. 쉽게 말해 노트 1권은 500원, 아이스크림 1개는 1,000원의 가치가 있고, 이를 얻기 위해서는 해당 가치만큼의 돈을 지불해야 한다는 것이지요. 그리고 여러분이 용돈을 저축하는 것처럼 화폐는 가치를 저장하는 수단으로도 이용됩니다. 그렇다면 화폐는 어떻게 생겨나게 되었을까요?

구석기시대 : 물물교환

옛날에는 화폐의 개념이 없어서 서로 필요한 물건이 있다면 맞바꾸어 사용했답니다. 이것을 물물교환이라고 하는데요, 여러분이 가진 물건을 다른 친구의 것과 바꿔본 경험이 있다면 그게 바로 물물교환을 한 거예요.

그런데 물물교환은 서로 필요한 물건을 가진 상대방을 만나야 하고, 운 좋게 그런 사람을 만났다고 하더라도 서로 물건의 가치에 대한 생각이 다르면 교환이 이뤄지기 어려웠지요. 예를 들어 내가 물고기 다섯 마리를 잡아 사과 다섯 개와 바꾸고 싶다고 가정해볼까요? 그런데 아무리 찾아도 과일을 가진 사람은 없고 조개를 가진 사람, 쌀을 가진 사람만 자꾸 물고기와 물물교환을 하자고 하네요. 한참을 헤맨 끝에 간신히 사과를 가진 사람을 찾았는데 이 사람은 물고기는 필요 없고 가죽이 필요하다고 하는군요. 그렇게 오랜 시간을 헤매다 드디어 물고기와 사과를 물물교환 하자는 사람을 찾았어요! 그런데 달랑 사과 한 개와 제가 가진 물고기 다섯 마리를 바꾸자고 합니다. 이 경우 물물교환을 해야 할까요, 하지 말아야 할까요? 사과 한번 먹기 참 힘드네요.

신석기시대 : 물품(실물) 화폐

정착생활을 하며 사람들이 많아지자 원하는 물건을 좀 더
쉽고 편리하게 얻을 수 있는 수단이 필요해졌어요. 그래서 등

고대 수메르인들이 사용했던 조개 화폐

출처 : IBK 기업은행 블로그

장한 것이 물품화폐인데요. 물품화폐란 지금의 돈처럼 사용할 수 있는 물건을 말한답니다. 그 지역에서 가장 흔하거나 가치 있는 것들, 예를 들면 가축, 소금, 조개, 옷감, 곡식, 과일, 돌 등을 물품화폐로 이용했어요.

기원전 3천 년경 : 금속화폐의 등장

물물교환보다는 좀 더 편했지만 물품화폐 역시 불편한 점이 많았어요. 커다란 가축을 옮기는 일이 쉽지 않았고 심지어 이동 중에 가축이 죽어버리는 경우도 있었어요. 소금은 금방 녹아버렸고 곡식이나 과일은 쉽게 썩기도 했지요. 이러한 단점을 극복하기 위해 등장한 것이 금속화폐입니다. 금속은 썩지도 않고 모양을 바꾸거나 무게를 재기도 편했거든요. 처음에는 금속 자체나 금속으로 만든 농기구 등의 물건이 화폐의 기능을 했다고 해요. 고대 메소포타미아에서는 은과 보리의 교환 비율이 정해져 있었다는 기록이 있으며, 기원전 18세기 함무라비 법전에는 이자로 낼 수 있는 은의 양이 규정되어 있었답니다.

기원전 700년경 : 세계 최초 동전 제작

초기 금속화폐는 물품화폐에 비해 엄청나게 편리했지만 쓸 때마다 무게를 재야 하는 번거로움이 있었어요. 그래서 점차 실제 도구와 비슷하게 만든 금속이 돈의 역할을 대신하게 되었는데요, 기원전 1천년 경 중국에서는 삽이나 칼 모양으로 만든 금속화폐를 사용하였지요. 이렇게 금속을 녹여 일정한 모양과 크기로 만든 화폐를 조금 어려운 말로 주조화폐라고 해요.

농기구 모양을 본떠 만든 포전(중국, BC 8C~3C)

출처 : 한국조폐공사 화폐박물관 홈페이지

세계 최초의 동전은 기원전 700년경 리디아 왕국(지금의 터키 지역)에서 만든 '일렉트럼(금과 은이 섞인 호박금)'이에요. 망치로 두드려서 만들었기 때문에 모양은 일정하지 않았다고 해요. 일렉트럼에는 동물의 모양이 새겨져 있었는데 점차 인물이나 상징물을 새기게 되었고, 로마시대에는 황제의 얼굴을 새겨 넣기도 했지요. 참고로 동전을 만드는 기계인 화폐 주조기는 산업혁명 때 만들어졌다고 해요.

중국 송나라: 세계 최초의 지폐 제작

동전은 그 전까지 사용하던 금속화폐에 비해 작고 편리했지만 큰 거래를 하기 위해서는 많은 동전이 필요했기 때문에 여전히 불편함이 있었어요. 그래서 가볍고 운반이 쉬운 종이 화폐, 즉 지폐가 생겨났습니다. 세계 최초의 지폐는 중국 송나라의 '교자'입니다. 그런데 교자의 원래 용도는 화폐가 아니라 많은 양의 화폐를 들고 다니기 불편했던 사람들이 화폐를 보관소에 맡기고 받은 화폐 보증서였답니다. 이후 교자가 널리 사용되면서 1023년 송나라 정부는 교자를 법정 화폐로 지정하고 중앙

세계 최초의 동전 일렉트럼(좌)과 세계 최초의 지폐 교자(우)

출처: Wikimedia

관청에서 발행하였지요. 13세기 마르코 폴로가 중국에 방문하고 나서 깜짝 놀란 것 중 하나가 바로 지폐의 사용이었다고 하니 서양보다 상당히 앞서 있었던 것이지요.

그렇다면 중국과 지리적으로 가까운 우리나라는 어떠한 화폐의 역사를 가지고 있을까요?

Click! 이야기 속으로

우리나라
화폐의 역사

금속화폐와 엽전의 사용

우리나라 최초의 금속화폐는 기원전 957년 고조선 시대에 사용된 '자모전'입니다. 하지만 지금은 기록으로만 확인할 수 있어요. 오늘날 남아있는 가장 오래된 화폐는 고려 성종(996년) 때 주조된 건원중보에요. 중국 당나라의 건원중보를 따라 만들었는데 뒷면에 한국을 뜻하는 '동국東國'이라는 글자를 새겨 넣었지요. 그런데 당시 고려시대는 자급자족 위주의 농업 사회였기 때문에 금속화폐보다는 쌀이나 옷감 같은 물품화폐가 주로 이용되었지요. 그래서 건원중보의 유통이 그리 활발하지는 않았답니다.

건원중보 이후 고려시대에는 동국통보, 동국중보 등의 주조화폐

건원중보(좌)와 상평통보(우)

출처: 한국조폐공사 화폐박물관 홈페이지

가 사용되었고, 조선시대에는 조선통보, 상평통보 등의 주조화폐가 사용되었어요(통보는 처음 주조할 때, 중보는 화폐를 다시 만들었을 때 붙여준 이름이에요). 이렇게 고려, 조선시대 만들어진 주화를 엽전이라고 하는데요, 보통 둥글고 납작한 모양에 가운데 네모난 구멍이 있었어요. 엽전에 있는 구멍은 엽전을 실에 꿰어 편리하게 들고 다니기 위한 것이었지요.

지폐의 등장

우리나라 최초의 지폐는 고종 30년(1893년)에 제조된 호조태환권이에요. 조선에서 그 동안 사용되던 엽전을 회수하고 근대적 화폐제

호조태환권(좌)과 백 원권(우)

출처: 한국조폐공사 화폐박물관 홈페이지

도를 도입하기 위해 만들어졌지요. 그런데 당시 화폐 제조기관이던 전환국을 운영하는 일본인 사이에 내분이 일어났고, 이후 조선에서 전환국 운영권을 되찾은 이후 제조된 호조태환권을 모두 불에 태워 없앴어요. 결국 호조태환권은 한 장도 사용되지 못했지요.

이후 일제강점기에 발행된 지폐는 대부분 일본에서 제조되었으며, 1945년 광복을 맞은 직후 우리나라에서 백 원권이 발행되었어요. 하지만 당시 우리나라에는 화폐제조 기술이 없어 일본인 기술자들이 지폐를 만들었지요.

한국은행의 설립과 근대 화폐의 등장

1950년 우리나라 최초의 중앙은행인 한국은행이 설립되어 지금까지 여러 종류의 지폐와 주화를 발행해왔어요. 그동안 1523년 화폐 단위가 '원'에서 '환'으로 바뀌었으며, 1962년에 다시 '환'에서 '원'으로 바뀌며 현재의 원화 체계가 만들어졌지요. 현재 사용되는 지폐는 2006년 발행된 오천 원권, 2007년 발행된 만 원권과 천 원권, 2009년 발행된 오만 원권이며 기존 지폐보다 위조방지를 위한 여러 가지 요소들이 강화되었다고 해요.

20세기 : 신용으로 물건을 사는 세상, 신용카드

혹시 편의점에서 간식을 잔뜩 고른 후 계산을 하려고 하는데 지갑이 없었거나, 지갑은 있는데 돈이 없었던 적이 있나요? 최초의 신용카드는 이러한 불편함을 대비해서 만들어졌다고 해요. 미국의 사업가인 프랭크 맥나마라Frank McNamara 는 고객들과 고급 식당에서 저녁식사 후 계산을 하려고 했는데 그만 지갑이 없어 크게 당황했어요. 그리고 주변에 이런 경험을 한 사

다이너스 클럽 카드

람이 많다는 것을 알게 되었지요. 그래서 현금 없이 신용만으로 거래를 할 수 있는 신용카드를 개발했습니다. 바로 1950년에 발행된 다이너스 클럽_{Diners' Club}이라는 카드였어요. '다이너_{diner}'가 '식사하는 사람'이라는 뜻이고 당시 이 카드를 쓸 수 있는 곳도 주변 식당들이었다고 하니 필요는 발명의 어머니라는 말을 새삼 느끼게 됩니다.

이렇게 현금 없이도 편리하게 거래를 할 수 있고, 많은 돈을 가지고 다니는 것보다 간편하며, 혹시 신용카드를 잃어버려도 카드 주인의 서명이 없으면 사용할 수 없기 때문에 안전하다는 장점도 있어서 신용카드는 급격히 확산되었지요. 한국은행이 발간한 《2016년 지급수단 이용행태 조사결과 및 시사점》에 따르면 우리나라 개인의 신용카드 보급 비율은 93.3%에 달하며, 가장 많이 이용하는 지급 수단으로 신용카드가 현금을 제치고 1위를 차지했다고 해요.

하지만 신용카드를 쓴다는 것은 언제까지 돈을 갚겠다고 약속하고 빚을 지는 것과 같기 때문에 갚을 능력이 없으면서 무분별하게 사용하지 않도록 주의해야 해요. 여러분이 많이 쓰는 체크카드는 카드로 거래를 할 수 있다는 점에서는 신용카드와 같지만, 카드를 쓰는 즉시 바로 통장에서 현금이 빠져나가기 때문에 통장에 돈이 있는 만큼만 사용이 가능하다는 점에서 차이가 있지요.

21세기: 가상화폐 시대, 비트코인의 탄생

조개껍질, 엽전, 화폐, 신용카드에 이어 이제 완전히 차원이 다른 가상화폐의 시대에 접어들었습니다. 가상화폐란 말 그대로 물리적 형태 없이 온라인에서만 거래가 되는 화폐를 말하며, 암호화 기술을 사용한다는 측면에서 암호화폐라고도 해요. 바로 비트코인bitcoin이 그 대표적 사례인데요, 비트코인이란 단어가 많이 낯설지요? 비트코인 외에도 이더리움, 대시, 라이트코인, 리플, 모네로 등 다양한 종류의 가상화폐가 거래되고 있어요.

비트코인은 2008년에 사토시 나카모토라는 가명을 쓰는 프로그래머가 개발하여 2009년부터 발행되었어요. 많은 사람들이 사토시 나카모토의 정체를 궁금해하고 있는데 정확한 이름이나 국적, 나이는 물론 개인인지 단체인지도 밝혀지지 않았다

출처: 각 사 홈페이지

고 해요. 그가 창안한 비트코인은 초기에는 조롱과 회의의 대상이었지만, 2017년 11월 이후에는 비트코인 1개당 수천만 원을 호가하는 등 세계 금융시장의 주목을 받고 있답니다.

비트코인과 화폐의 큰 차이점은 발행방식과 발행량이에요. 화폐의 발행권한은 국가에 있어요. 보통 국가별 중앙은행(우리나라의 중앙은행은 한국은행입니다)에서 경제 상황에 따라 화폐를 발행하지요. 그런데 비트코인은 총 발행량이 2,100만 비트코인으로 정해져 있으며, 채굴(마이닝, mining)이라는 방식을 통해 화폐가 발행됩니다. 발행량이 정해진 비트코인을 온라인상에서 얻는 것을 '채굴'이라고 하는데요, 마치 매장량이 정해진 금을 땅에서 캐는 것과 유사하다고 해서 붙여진 용어에요. 비트코인은 10분에 한 번씩 일정량이 생성되며, 생성된 비트코인은 채굴이라고 불리는 함수 문제를 해결한 사람에게 보상으로 지

제네시스 마이닝(Genesis Mining)사의 채굴 장면

출처 : Wikimedia

급되지요. 문제를 풀기 위해서는 엄청나게 복잡한 계산을 해야 하기 때문에 전문적인 채굴을 위해서는 여러 대의 컴퓨터가 필요해요. 2017년 11월을 기준으로 누적 약 1,670만 비트코인이 채굴되었습니다.

앞에서 살펴본 것처럼 화폐는 거래에 대한 지불 수단, 가치를 나타내는 수단, 가치를 저장하는 수단으로서 역할을 해요. 그럼 비트코인이 그런 화폐의 역할을 수행할 수 있을까요? 비트코인에 대해 회의적인 사람들은 아직 비트코인을 사용할 수 있는 매장이 거의 없으며, 워낙 가치의 변동이 심해 가치를 나타내거나 저장하는 수단으로 사용이 어려워 화폐로 쓰기는 어렵다고 생각해요. 예를 들어 아침에는 최신형 스마트폰을 0.1 비트코인으로 살 수 있었는데 갑자기 비트코인의 가치가 크게 떨어져 저녁에는 동일한 제품을 사기 위해 10배인 1 비트코인을 지불해야 하는 경우도 생길 수 있어요.

반면 비트코인을 충분히 화폐로 쓸 수 있다고 생각하는 사람들의 의견은 좀 다릅니다. 비트코인을 사용할 수 있는 매장이 점점 늘어날 것이고, 지금은 비트코인이 초기 단계라 가치가 시시각각 크게 변하지만 앞으로는 시장이 안정화되어 환율이 변동하는 수준에서 가치가 변할 것이라고 생각하고 있어요.

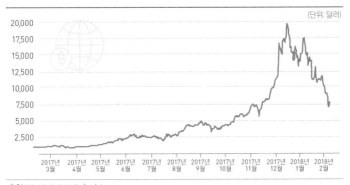

1년간 비트코인의 평균 시장가격 추이

출처: blockchain.info/ko/charts

여러분께서는 어떻게 생각하시나요?

여전히 비트코인을 통한 사기 사건도 빈번하고 과연 비트코인이 안전한 화폐인지 의구심을 제기하는 사람들도 많지만, 이제는 미국 등 각국 정부에서도 비트코인을 하나의 공인된 화폐로 인식하고 대책을 강구하는 시도들을 하고 있답니다.

비트코인이 등장하기 전까지 대중에게 돈은 만질 수 있는 대표적인 자산이었습니다. 그러나 가상화폐 비트코인이 세계의 주목을 받게 되자 보이지 않아도 그 가치가 인정되는 세상, 즉 제4차 산업혁명이 구현하려고 하는 물리적인 세계와 사이버 세계의 융합이 이루어지고 있습니다. 더구나 비트코인은 은행이나 금융기관을 통해 거래되는 방식이 아닌 P2P(개인 간 거래) 네트워크를 기반으로 이용자들 각자의 컴퓨터가 상호 거래 내역을 인증하는 방식입니다. 이를 통해서 긱이코노미와 같이 기존의 시스템을 활용한 경제체제가 아닌 새로운 시스템을 탄생시킨 대표적인 사례로 자리 잡고 있습니다. 비트코인이 불러일으킨 새로운 경제시스템 하에서는 기존의 부자들이 부를 유지할까요? 아니면 새로운 부자가 등장하게 될까요?

TIP 인류 역사상 가장 부자였던 사람은?

〈타임〉지가 선정한 인류 최고의 부자 1위는 14세기 말리 왕국의 왕이었던 만사 무사Mansa Musa입니다. 당시 말리 왕국은 세계 최대의 금 생산지였다고 하는데요, 금과 소금 무역으로 막대한 부를 쌓았다고 합니다. 얼마나 부자였는지 말로 설명하기 어려울 정도라고 하네요. 한 예로 이슬람 신도였던 만사 무사가 메카로 성지순례를 다녀오면서 금을 너무 많이 뿌리고 다녀 이집트 일대에 10년간 금값이 폭락할 정도였다고 합니다. 참고로 아우구스투스 카이사르 로마 황제가 2위, 중국 북송의 황제인 신종이 3위, 그리고 현재 세계 최대 부자인 빌 게이츠가 9위를 차지했어요.

**금덩어리를 들고 있는 만사 무사(좌)와
아우구스투스 카이사르 황제가 새겨진 동전(우)**

출처: Wikimedia, Flickr

- ICT가 바꾸어가는 가치의 기준

- ICT로 인해 변화하는 게임의 룰

- 4차 산업혁명 시대, ICT를 활용한 '돈 벌기'

- ICT 시대, 새로운 '부'의 탄생

Chapter. **3**

ICT가 가져온
미래 '부'의 변화

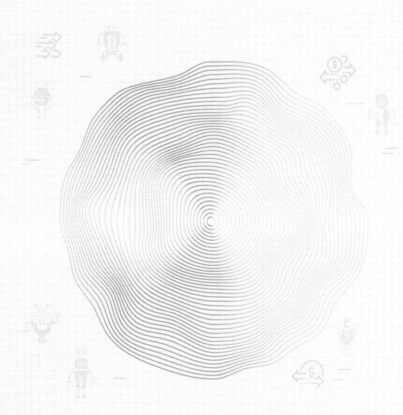

ICT가 바꾸어가는
가치의 기준

나에게 가치 있는 일은 무엇일까?

여러분은 어떤 아이돌 가수를 좋아하나요? 여러분이 좋아하는 아이돌 그룹이 공연장에서 멋진 콘서트를 개최한다고 가정해봅시다. 정말 설레고 들떠서 밤잠을 설치고 말겠지요? 고이 모아두었던 용돈을 쓰고, 그래도 모자란 돈은 부모님이나 이모, 삼촌의 도움을 받거나, 아니면 아르바이트를 해서라도 꼭 마련하고 싶겠지요? 학생인 여러분이 선뜻 내기엔 큰돈이지만 들뜬 마음에 공연표를 예매할 것입니다. 그러나 돈이 마련되었다고 해서 공연티켓을 얻을 수 있는 것은 아닙니다. 아이

아이돌 공연장을 찾은 관객 모습

출처: 연합뉴스

돌 가수가 잘 보이는 무대 가까운 자리를 선택하는 것은 물론 공연티켓 자체를 구하는 데도 경쟁이 치열하지요.

A라는 친구는 공연티켓 창구 앞에서 밤을 새워서 줄을 서서 티켓을 구매했습니다. B라는 친구는 온라인으로 예매하기로 결정하고 노트북을 켭니다. 때로는 온라인 공연예매 시작을 알림과 동시에 '빛의 속도'에 비견될 만한 빠른 클릭으로 자리를 구하고자 가족, 친구들의 도움까지 받기도 합니다. 여기까지 해서 성공했다면 정말 다행이죠.

자, 여기서 우리는 잠시 멈추어 두 가지 질문에 대한 답을 생

10대가 알아야 할 미래 부의 이동

각해볼까요? 첫 번째, 예매 진행 시 누가 더 현명한 '시간 소비'를 한 것일까요? 그리고 두 번째로 누가 더 현명한 '돈의 소비'로 예매를 한 것일까요? 사실 현명한 소비라는 평가를 모든 사람에게 동일하게 적용할 수는 없습니다. 다만 예시를 위해 단순화해서 얘기하도록 할게요. 여기서 현명함은 무엇이고, 무엇을 기준으로 해야 할까요? 여러분은 현명한 '시간'을 보낸 친구가 A와 B 중 누구라고 생각하나요? 아마도 여러분들은 고민 없이 온라인으로 티켓을 구매한 B가 훨씬 현명하게 시간을 관리했다고 생각할 겁니다. 반면, A처럼 공연장 매표소 앞에서 밤을 새워야 해서 숙제나 가족과의 저녁식사, 친구들과의 오붓한 대화시간을 놓치는 것은 현명하지 못한 판단이라고 생각할 수 있습니다.

하지만 A와 B가 예매한 방법 이외에 또 다른 방법이 있다면 어떨까요? 그것은 바로 C가 예매를 한 방법인데요. A와 B가 힘들게 돈을 모으고 어렵게 티켓을 구하고도, 2~3시간 이상 줄을 서서 공연장에 들어가는 동안 C는 프리미엄석의 공연 티켓을 들고 기다림 없이 패스트 레인fast lane을 통과했다고 합니다. 그 이유는 C가 A와 B가 구매한 공연티켓의 최소 2배의 가격을 내고 프리미엄 티켓을 구매해 혜택을 받았기 때문입니다. 그렇다면 다시 두 번째 질문으로 돌아가볼까요? 누가 더 현명한 '돈의 소비'를 한 것일까요?

공연 티켓의 정가를 주고 온라인 또는 오프라인으로 티켓을 구매한 A와 B보다 2배가 넘는 프리미엄 티켓을 구매해서 빠르게 공연장에 입장하고 무대 가까운 좌석을 앉게 된 C가 더 현명하게 돈을 소비했다고 말할 수 있을까요? 우리는 이쯤에서 노력 없이 부자 부모님의 도움으로 비싼 티켓을 구매한 C라는 친구를 상상하게 되고 조금은 얄밉다고 생각할 수 있을 것 같습니다. 그러나 제가 가정한 C라는 친구는 자신이 오래도록 모은 용돈을 공연티켓을 구매하는 데 모두 사용한 친구이거나 또는 아르바이트를 평소보다 두 배 더 많이 해서 프리미엄 공연티켓을 구매한 친구랍니다. 바로 여러분과 똑같은 성실한 친구죠. 이제 현명한 '돈의 소비'를 한 친구는 누굴까라는 질문에 대한 답이 모호해지는 경험을 하게 될 것입니다.

조금 더 고민해볼까요? 각자 떠오르는 답이 있지요? 맞습니다. 대답은 돈을 지불하려는 사람이 느끼는 '가치'에 있습니다. 앞에서 질문한 현명한 소비란 바로 어떤 의미로든 더 가치가 있는 일에 돈을 써서 자신이 만족하는 것을 의미합니다. C에게도 역시 프리미엄 티켓의 비용은 부담스럽지만, 정말 좋아하는 아이돌 가수의 공연이기에 맛있는 피자와 햄버거를 먹지 않는 대신 좋아하는 가수를 가까이서 볼 수 있는 티켓을 구매한 것입니다. 그것이 C에게는 훨씬 가치 있는 일이었기 때문이에요.

아이돌 가수 공연티켓과
현명한 소비 방법에 대한 '나'의 생각은?

이쯤에서 다시 첫 번째 질문이었던 누가 더 현명한 '시간의 소비'를 했는지에 대해서 되짚어 볼까요? 처음에는 고민 없이 온라인 티켓을 구매하는 것이라고 말했을 텐데요. 비록 A는 줄을 서서 티켓을 구매하며 2~3시간을 소비했지만 B와 C가 경험하지 못할 경험을 할 수 있었어요. 줄을 서면서 오프라인으로 팬클럽 모임을 가지기도 하고, 동일한 취미를 가지고 있는 사람들과 모여 아이돌에 대한 이야기, 아이돌과 관련된 굿즈goods를 구매하기도 합니다. 온라인 상에서는 전혀 상상할 수 없는 만족이죠. 즉 A는 오프라인에서의 경험을 더 가치 있다고 보았기 때문에 줄을 서서 티켓을 구매하였던 것입니다. 이래도 A의 소비가 현명하지 못한 것일까요?

ICT가 바꾼 노동력의 가치

우리는 지금 앞의 예시를 통해서 '소비'의 '가치'에 대해서 이야기하고 있습니다. 단지 소비에서뿐만 아니라 돈을 모으는 방식에서도 '가치'의 개념이 우리 삶에 들어오게 되었습니다. 농업적 근면성이 중시되던 시절에는 '산술적 시간 = 돈'인 시대였습니다. 8시간을 공장에서 일하고 제품을 생산한 근로자와 그 2배인 16시간을 일한 근로자의 월급은 차이가 나기 마련이었습니다. 그러나 이제 그러한 일률적인 잣대는 힘을 잃고 있습니다. ICT 기술이 우리 삶에 조용히 스며들면서 '노동의 시간 = 돈'이 비례하는 시대는 지나갔습니다. 오히려 적절하게 ICT 기술을 활용하여 이전과는 다른 새로운 방식으로 결과물을 이루어내는 사람이 각광을 받는 시대가 왔습니다. 다시 말해서 ICT가 만든 새로운 방식과 그로 인해 가치가 부여된 시간이 과거와는 다른 새로운 부를 만들어가는 시대가 시작되고 있습니

10대가 알아야 할 미래 부의 이동

다. 누가 오랜 시간 노동을 했는가보다 누가 가치 있는 결과물을 만들었는가가 중요한 시대인 거죠.

사례를 통해 한 번 알아볼까요? 예를 들어 여러분이 아이돌 가수 공연을 기획하고 마케팅해서 매출을 올려야 하는 회사의 직원 D와 E라고 생각해봅시다. 현명하게 매출을 올리는 법, 즉 공연을 통해서 회사가 손해를 보지 않고 이익이 나도록 하는 방법에는 무엇이 있을까요?

직원 D는 성실하게 이전의 상사들이 가르쳐준 방식대로 TV 등 대중매체, 홈페이지 광고에 열심입니다. 반면 또 다른 직원인 E는 ICT 기술을 다루는 데 매우 능숙합니다. 홈페이지와 SNS를 통해서 팬클럽에 공지를 하는 것은 물론이고, 온라인 서베이와 그간 축적된 빅데이터를 통해서 공연티켓을 구매하고자 하는 핵심고객층과 그들이 원하는 공연 분위기, 지불할 수 있는 비용의 범위를 분석했습니다.

ICT를 활용한 결과, E는 고객을 세 그룹으로 나눌 수 있었습니다. 첫 번째 그룹은 아날로그적 감성을 즐기고 싶은 고객, 두 번째 고객은 시간과 공간의 제약으로 티켓 구매가 용이하지 않은 고객, 세 번째는 비용과 상관없이 고품질의 공연을 즐기고 싶은 고객이었습니다. 아날로그적 감성이 풍부한 고객들에게는 공연티켓을 오프라인에서 구매하도록 유도하고 줄을 서면서 다양한 아이돌 굿즈를 구매할 수 있도록 유도했습니다. 또한 오프라인 구매가 어려운 고객이나 지방이나 해외에 거주하는 고객대상으로 온라인 전용 좌석을 개설하여 패키지 상품과 함께 구매할 경우 할인을 하는 프로모션을 진행했습니다. 그리고 아이돌 공연을 추가 비용을 지불하더라도 가까이서 관람하고 싶어 하는 고객을 대상으로 일반 좌석 대비 2배에서 최대 5배 고가의 티켓을 판매하여 기존방식과는 다른 차별화된 성과를 달성했습니다.

직원 D와 E 모두 정말 성실한 직원이라고 가정해봅시다. 그러나 결과는 무척이나 다릅니다. 같은 시간을 투자했다고 해서 결과가 같지는 않지요. 바로 여기에서 시간의 법칙이 변화하고 있다는 것을 알 수 있습니다. 시간은 여전히 유한한 수명을 가진 인간에게 있어 우선순위에 놓이는 귀중한 자원 중 하나입니다. 그렇기에 ICT를 알지 못하는 삶과 ICT를 능숙하게 다루면서 업무를 할 수 있는 사람은 점차 그 격차가 따라잡을 수 없을 정도로 벌어질 것입니다.

ICT로 인해 변화하는
게임의 룰

'현대인은 100세 시대를 살고 있다'는 말을 종종 들어보았을 것입니다. 이제는 인간의 생체 수명이 다하는 나이 120세까지도 살 수 있다는 말이 허황되게만 들리지 않습니다. 무엇이 이러한 장수의 꿈을 실현하게 해주었을까요?

바로 놀랄 만큼 빠르게 진보하는 ICT의 힘입니다. ICT 기반의 스마트 헬스케어 덕분에 부모의 유전자 분석을 통해서 태어날 아기의 특정 질병과 신체적 특징을 예측할 수 있게 되었답니다. 신생아 시기부터 각종 질병으로부터 보호를 받게 되는 날이 머지않았습니다. 조금은 먼 미래이지만 인공지능 등 첨단 ICT의 발달로 무인 자동차의 시대가 오면, 현재의 교통사고 건수가 90% 가까이 줄어든다는 전망입니다. 그러면 갑작스런 교통사고로 인한 수명 단축도 막을 수 있겠죠. 그런데 ICT의 발전 덕분에 기대 이상의 수명을 갖게 될 우리에게 과연 장밋빛 인생만 펼쳐질까요?

과거보다 수십 년 늘어난 수명이 마냥 반갑지만은 않은 이유 중 하나는 연장된 수명 동안 어떻게 생계를 유지해야 하는지 고민이기 때문입니다. 아이러니하게도 ICT로 인해 인간은 안전한 삶을 얻게 되었지만, ICT를 알지 못하고 제대로 활용할 줄 모르는 사람은 돈을 벌 수 있는 기회가 점차 제한될 것이라는 예측이 일반적입니다.

여러분도 잘 아시겠지만 이미 단순노동의 상당 부분을 로봇이 대체하고 있습니다. 한 대의 자동차를 만들려면 적게는 3천 번에서 많게는 6~7천 번의 공정을 거쳐야 한다고 합니다. 그런데 이제는 인공지능이 탑재된 로봇이 제조과정에 투입되어 그간 사람의 손으로 이루어졌던 일들을 빠르게 도맡아 하고 있습니다. 서비스업에서도 예외는 아닙니다. 마트에서는 이미 무인카운터가 등장했고 미국의 아마존 고Go는 서비스 직원 없이 매장이 운영되고 있습니다.

ICT가 직업에 미치는 영향

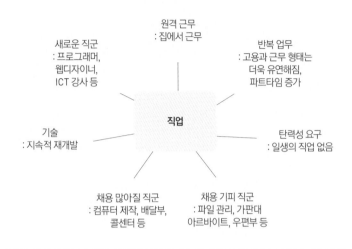

출처: Sudhendu Bali, 2010.8.4.(https://www.slideshare.net/sbali1/the-social-impact-of-ic)

ICT의 활용은 이제 선택의 문제가 아니라 필수인 시대가 가까워졌습니다. 마치 게임의 법칙이 바뀐 것처럼, 1차 산업혁명 이후 유지되던 노동생산성의 의미가 달라지고 있습니다. 노동생산성이란 한 사람의 노동자가 정해진 시간 동안 만들어내는 생산량이나 부가가치를 의미하는 용어입니다. 과거부터 지금까지 생산이 얼마나 효율적으로 이루어지는지 알아보는 데 중요한 기준이랍니다. 그러나 이제는 첨단 ICT를 활용하여 '지름길'

로 노동생산성을 높이거나, 이전에는 상상할 수 없는 비즈니스로 수익을 창출하는 일이 보다 빈번해질 것입니다.

수천 년 이상의 역사를 가진 농업은 처음에는 자급자족의 형태였으나 잉여 농산물이 많아지자, 물물교환의 수단이 되었습니다. 그리고 농기계의 도입으로 대량생산의 혜택을 보기도 했습니다.

이러한 농업에도 새로운 게임의 룰이 만들어지고 있습니다. 최근에는 농기계를 통한 단순한 대량생산뿐만 아니라 첨단 ICT를 적용하여 씨뿌리기 단계부터 수확에 이르기까지 과학적인 방식이 자리 잡고 있습니다. IoT Internet of Things, 즉 사물인터넷을 이용하여 스마트폰 하나로 비닐하우스의 작물이 최적의 온도에서 자랄 수 있도록 농부가 집안에서도 작물을 관찰하고 돌볼 수 있게 되었습니다. 드론을 이용해서 병충해 방지 농약을 뿌리기도 하고, 이상 성장을 보이는 작물들의 사진을 시시각각 촬영하고 분석하여 병충해가 확산되기 전에 신속하게 해결할 수 있습니다.

이렇듯 ICT는 우리 삶의 전반에 빠르게 확산되고 있습니다. 때로는 인식하지 못할 정도로 자연스럽게 우리 생활의 편의를

드론을 통한 가뭄 대응(좌)과 스마트 팜(우)

출처: 전자신문

돕거나, 새로운 비즈니스 기회를 만들어주기도 합니다. 처음에는 문자서비스를 대신하여 여러 사람과 대화를 나눌 수 있게 만들어졌던 SNS가 이제는 그 이용자를 대상으로 쇼핑, 게임, 교육 등 다양한 비즈니스 채널로 변화·발전하고 있습니다.

이처럼 변화무쌍한 시대에서 여러분이 새로운 사회의 주역이자 진정한 삶의 주인으로 살아가기를 바라는 마음입니다. 변화에 대비하지 않으면 비즈니스 기회를 스스로 선택하지 못하고 누군가에게 선택받아야만 돈을 벌거나 생계를 유지하는 불편한 미래가 기다리고 있을지도 모릅니다.

ICT를 활용하지 못해 발생하는 기회비용

여러분은 기회비용이라는 용어를 아시나요? 우리는 살면서 늘 크고 작은 선택을 하게 됩니다. 우리가 '어떤 선택을 함으로써 포기해야 하는 다른 가치'를 기회비용이라고 합니다. 예를 들어볼까요? 친구들과 게임을 하면서 놀고 싶은데 시험이 일주일밖에 안 남아서 하는 수 없이 공부를 했습니다. 이때의 기회비용은 공부를 선택함으로써 하지 못한 일의 가치, 즉 친구들과 게임을 했을 때의 즐거움이죠. 그렇다면 앞서 설명한 ICT를 제대로 이해하지 못하고 다룰 줄 모른다면 우리는 어떤 기회비용을 지불하게 되는 것일까요?

4차 산업혁명 시대를 살아갈 여러분들이 ICT 활용 능력을 제대로 키우지 못한다면 어떻게 될까요?

마치 자동차나 기차, 비행기를 타지 않고 부산에서 서울까지 걸어서 꽃을 배달하려는 사람과 마찬가지일 것입니다. 400km 넘게 걷는 동안 생기 넘치던 꽃은 볼품없이 시들고 상품성을 잃고 말겠죠. 예쁘고 생기 넘치는 꽃을 배달하려는 사람에게 자동차, 기차나 비행기는 선택이 아닌 필수라는 생각이 들지

기회비용의 개념

아이스크림 선택   초콜릿 포기

아이스크림 먹는 기쁨의 비용

초콜릿 포기의 아쉬움

출처: https://m.blog.naver.com/choijh98/220013504522

요? 마찬가지로 여러분이 어떤 분야의 직업을 갖더라도 ICT를 알지 못하면 그만큼의 손실을 감수해야 한다는 의미입니다. 더 나아가 여러분이 소망하는 직업을 갖기도 어려울 수 있습니다. 예를 들자면, 과거에는 건축가들이 큰 도면에 다양한 자와 연필로 선을 그리고 지우고를 반복하면서 설계를 해갔습니다. 그러나 이제는 건축 전용 그래픽 프로그램을 활용하여 컴퓨터로 작업을 합니다. 미래에는 지금보다도 발전된 ICT 기술을 이해하고 활용하는 능력이 있어야만 설계 분야에서 일할 수 있을 것입니다.

4차 산업혁명 시대,
ICT를 활용한 '돈 벌기'

1, 2, 3차 산업혁명으로 등장한 근대 '부'

1차 산업혁명을 시작으로 본격적인 대량생산이 시작된 2차 산업혁명 시기 제조업을 이끌어가던 기업가들은 이전 시대의 농지에서 얻는 수익과는 비교할 수 없는 부를 쌓았습니다. 이러한 제조업에서 마련된 풍부한 자금은 경제 구조 전반에 새로운 사업을 일으키는 일종의 씨앗 역할을 하게 됩니다. 대량생산된 공산품들은 판매를 위해 유통 단계를 거쳐서 가정까지 연계되는 그물망 같은 시스템을 구축하게 됩니다. 그 과정에서 고객 응대 업종인 '서비스업' 일자리들이 생겨났고, 3차 산업혁명을 거치면서 서비스업은 제조업을 이끄는 거대한 경제의 중요한 한 부분을 차지하였습니다. 1차 산업혁명이 농업에 종사하던 사람들을 도시로 이주하게 했고 2차 산업혁명이 대량생산이라는 혁신을 통해 자본주의 시장을 형성했습니다. 여기서 PC와 인터넷으로 대표되는 3차 산업혁명은 자본주의 산물들을 사이버 상으로 이끌어 들이고 온라인 경제를 탄생시키는 데 기여했습니다.

이미 3차 산업혁명을 겪은 바 있는 우리는 엄청난 크기의 공장과 인력을 고용해야지만 '부자'라 불릴 만한 부를 축적할 수 있었던 1, 2차 산업혁명 시대와의 공존을 경험한 바 있습니다. 더불어 우리 삶 전반에 밀접하게 침투한 IT 기술로 인해 사회 전반적으로 변화가 일어나는 것을 감지할 수 있었습니다.

새로운 게임의 룰, 새로운 부자의 탄생

미국의 평범한 소년이었던 에릭 핀먼은 2011년 할머니가 주신 1천 달러를 비트코인에 투자하는 모험을 했답니다. 그 이후 비트코인의 놀라운 상승세에 힘입어 에릭 핀먼은 스무 살이 되기도 전에 '백만장자'의 대열에 들어갔습니다. 에릭 핀먼이 가지고 있는 비트코인은 403개로 라이트코인, 이더리움 등 다른 전자화폐에도 열심히 투자하고 있다고 하네요.

이처럼 ICT가 우리 삶을 하루가 다르게 변화시키는 요즈음 부를 축적하는 방식에도 혁명적인 변화가 일어나고 있습니다. 다시 말해, 돈을 버는 방식이 변화하고 있는 것입니다.

인공지능으로 대표되는 4차 산업혁명은 1, 2차 산업혁명의 물리적 풍요로움과 3차 산업혁명의 사이버 세계 탄생에 이어서 등장했습니다. 4차 산업혁명은 물리적인 영역과 사이버 영역을

비트코인의 등장

출처: 〈The Sun〉

융합하여 현실과 가상의 세계, 또는 오프라인과 온라인의 세계를 연결하고 있습니다. 그러한 기술 변화는 부를 축적하는 방식, 돈을 버는 방식 그리고 생계를 유지하기 위한 직업의 영역에도 변화를 가져왔습니다.

다시 말해 농업사회의 근면성, 제조업 시대의 노동생산성 또는 축적량 = 가치/금전적 보상인 시기가 서서히 저물고 있는 것입니다. 이제 아이디어 하나로 자신의 책상 앞에서 부를 축적하는 사람들이 생겨나고 있습니다.

ICT 시대의 부자, 알리바바그룹의 마윈

마윈은 중국의 대표적인 IT 기업 중 하나인 알리바바그룹의 회장인데요. 알리바바그룹은 매년 11월 11일 '광군제(光棍節, 독신자의 날)'마다 온라인 쇼핑몰에서 매출 신기록을 달성하고 있습니다. 특히 2017년 광군제에는 1초당 32만 5,000여 건의 주문이 접수되어 총 28조 3,000억 원의 매출을 올리기도 했답니다.

그런데 사실 마윈의 '부'를 창출하는 성공 비법이 ICT 기술 덕분이라는 것, 알고 계셨나요? 대표적으로 인공지능 기술을 적용한 고객 서비스인 '나의 서비스센터我的客服'와 인공지능 디자인 시스템 '루반魯班'이 있어요. 나의 서비스센터의 경우 챗봇으로 운영되는 서비스인데요. 빅데이터 기술을 통해 과거 구매 이력, 서비스 수요, 방문 페이지 기록 등 데이터를 바탕으로 고객응대 준비를 사전에 모두 완료해놓는 방식으로 운영되었어요. 광군제 당일 인공지능이 직접 처리한 고객서비스만 600만 건에 달했다고 합니다. 두 번째로 루반은 배너 광고 총 1억 7,000만 개를 세팅하고 제공하는 역할을 했는데, 이 수치는 100명의 디자이너가 300년 동안 쉬지 않고 일해야 만들어낼 수 있는 양이라고 합니다. 그야말로 ICT는 없어서는 안 될 필수재가 되어 모든 산업에 적용되고 있습니다.

2017년 광군제 기간의 알리바바 실적

숫자로 보는 광군제 ※ 알리바바, 티몰 기준		글로벌 브랜드 개수(개) **6만**	브랜드 개수(개) **14만**
거래액	**28조 3000억 원**	총 결제 건수(건)	**14억 8000만**
초당 거래량(건)	**32만 5000**	총 배송 주문 건수(건)	**8억 1200만**

출처: 중앙일보, 2017.11

ICT 시대,
새로운 '부'의 탄생

긱이코노미(gig economy)

　자고 일어나면 새롭게 소개되는 기술과 창의적인 서비스의 홍수 속에서 전통적인 직업의 개념도 변화하고 있습니다. 최근 우리의 눈을 사로잡는 단어가 있습니다. 바로 긱이코노미입니다. 긱은 원래 미국에서 사용된 단어인데요, 1920년대 재즈가 인기를 끌 무렵 연주자를 공연장에서 필요할 때마다 일회성으로 채용하던 것에서 유래했습니다. 즉, 긱이코노미는 평생직장의 반대 개념으로 1회성 계약으로 일하는 경제 시스템을 의미합니다. 전문가들은 인공지능 등 첨단 ICT 기술의 발달로 '자발적 비정규직'이 증가할 것이라고 예측하고 있습니다.

이러한 긱이코노미 트렌드를 이용하여 새로운 서비스를 제
공하는 기업이 있습니다. 여러분은 스웨덴의 가구전문기업 '이
케아'를 아시나요? 이케아는 기존의 가구회사와 달리 고객이
직접 가구를 조립하도록 하는 대신 합리적인 가격을 제시하여
큰 인기를 얻고 있답니다. 최근 이케아는 긱이코노미 시대를 대
비하여 가구를 조립하는 데 어려움을 겪는 소비자의 고충을
해결하고 보다 쉽게 제품을 조립할 수 있게 새로운 제안을 했
습니다. 모바일을 통해 일회성으로 배달과 조립을 하도록 인력
을 연계하여 제공할 계획이라고 발표한 것입니다. 그야말로 긱

긱이코노미가 어떻게 작용하는가

출처: 〈브런치〉

이코노미 트렌드를 잘 반영한 사례인데요. 이를 통해서 이케아의 정규사원이 아니더라도 필요에 따라서 이케아 모바일 앱을 통해 고객과 만나 조립업무를 도와주고 수고비를 받는 모델이 확대될 전망입니다.

메이커스 무브먼트(Maker's Movement)

'내 손으로 직접 만든다'라는 말을 떠올리면 그 옛날 풍경이 떠오르지 않나요? 사람들이 베틀 앞에 앉아서 하루 종일 실을 잣고, 대장간에서 뜨겁게 달궈진 무쇠를 가지고 일하는 모습 말이에요. 산업혁명 이전의 자급자족 시대를 벗어나면서부터, 이처럼 스스로 물건을 만들어서 사용하는 것은 우리에게 상당히 낯선 일이 되어버렸습니다.

하지만 4차 산업혁명 시대가 되어 자신의 아이디어를 직접 물건으로 제작해 사용하거나 판매하려는 경향이 나타났습니다. 간단한 수공예부터 첨단 기술까지 내 손으로 직접 제품을 제작해서 쓰려는 이 움직임을 '메이커스 무브먼트'라고 합니다. 미국을 중심으로 시작된 이 운동은 전 세계의 제조업 시장에

변화를 일으키고 있습니다.

메이커스 무브먼트가 점점 확산되는 이유는 뭘까요? 바로 3D 프린터와 3D 스캐너, 레이저 커팅기, 디지털 플로터Digital Plotter(디지털 신호에 따라 그림을 그리는 출력 장치) 등 제조장비에 대한 개인의 접근성이 높아졌기 때문입니다. 과거에 이러한 제조장비는 대기업에서 독점했지만, 이제는 평범한 개인도 제조장비를 이용해 1인 제조기업을 운영할 수 있게 되었어요.

ICT 기술의 발달로, 컴퓨터 도면을 통해서 원하는 디자인을 입력하고 3D 프린터에 전송하면 도면대로 제품이 만들어진답니다. 이제 거대한 공장이 아닌 개인의 작은 작업실에서 열정과 아이디어를 가진 발명가들이 기존 시장에 없던 참신한 제

3D 프린터(좌)와 디지털 플로터(우)

출처: 픽사베이, 구글

품을 선보이고 있어요.

이러한 메이커스 무브먼트는 우리의 경제 활동에 파장을 일으키고 있습니다. 전문가들은 점차 그 영향력이 커질 것이라고 예측하는데요. 3D 프린터 기계와 아이디어만 있다면 누구나 제품 제작을 혼자서도 할 수 있고, 인터넷을 이용해 판매까지 할 수 있기 때문입니다. 예컨대 그림 그리기를 좋아하는 학생이 1인 제조기업을 창업하여 자신이 도안한 그림을 티셔츠에 프린트해 판매할 수도 있답니다.

개인 발명가들이 마음껏 자신의 작품을 선보이는 가장 큰 축제는 '메이커 페어Maker Faire'입니다. 2006년 미국 샌프란시스코에서 처음 개최된 이 행사는 2012년에는 약 16만 5,000여 명의 메이커들이 참가할 정도로 규모가 커졌답니다. 일반인 제작자들의 창의적인 발명품들을 접할 수 있고, 떠오르는 스타트업들도 발굴할 수 있어서 미국 정부도 국가의 미래가 달린 비즈니스 모델로 주목할 정도라고 해요.

가상현실 기술과 미래직업

"2020년까지 선진국의 기존 일자리 중 710만 개가 줄어들 것이다." 무시무시한 선언이 아닐 수 없습니다. 2016년 세계경제포럼이 예측한 미래인데요. 기계학습과 인공지능이 인간의 일자리를 대신할 거라는 다소 암담한 예측이었습니다. 하지만 세계경제포럼은 200만 개의 새로운 직업이 생겨날 것이라고도 밝혔어요. 따라서 여러분이 미래의 부를 찾기 위해서는 앞으로 어떤 직업들이 새로 생겨날지 촉각을 곤두세워야 해요.

자, 그럼 4차 산업혁명의 핵심기술 중에서도 영화와 애니메이션에서 단골소재로 쓰여 우리에게 친숙한 가상현실_{VR, Virtual Reality}과 증강현실_{AR, Augmented Reality} 기술로 새롭게 나타날 미래직업들을 한번 알아볼까요?

첫 번째로 살펴볼 직업은 '가상공간 디자이너'입니다. 미래연구소_{The Future Laboratory}는 마이크로소프트와 공동 연구한 「10년 뒤 등장할 10대 직업 보고서」에서 '가상현실 공간 디자이너'를 10년 후 가장 유망한 직업으로 뽑았습니다. 가상공간 디자이너는 컴퓨터 프로그램을 이용해 현실에 없는 공간을 창조하는 직업이에요. 마치 건축가나 도시설계자처럼 가상공간 디자이너는 가상의 학교나 회사, 공연장 등을 설계합니다. 미래 연구소 연구진은 10년 후에는 수많은 사람이 가상현실 환경에서 일하고 교육을 받을 것이라고 예상했어요.

두 번째로 살펴볼 직업은 '가상·증강현실 콘텐츠 개발자'입니다. 여러분은 증강현실 게임 '포켓몬고'를 해보신 적 있나요? 현실을 배경으로 포켓몬들이 나타나서 마치 내가 포켓몬 트레이너가 된 기분이 들죠. 그럼 이러한 가상·증강현실 콘텐츠는 어떤 사람들이 만드는 걸까요?

가상현실 슈팅 게임을 예로 들어 설명해볼게요. 가상현실 게임을 하려면 우선 가상의 공간에 들어와 있는 것처럼 보이게 하는 헤드마운트 디스플레이(머리에 쓰고 영상을 즐길 수 있는 기기)를 착용해야 해요. 가상·증강현실 시스템 개발자는 바로 이 VR 기기를 개발하거나, 빠른 속도로 디지털 영상과 신호를 처리하는 소프트웨어를 개발하는 일을 합니다. 자, 다음으로는 슈팅 게임의 내용과 스토리가 있어야 하겠죠? 가상·증강현실 콘텐츠 크리에이터는 콘텐츠의 전달 방식과 시나리오를 만드는 일을 합니다. 이제 게임이 완성되었다면 소비자들에게 판매하는 과정이 필요하겠죠? 플랫폼 및 서비스 운영자는 콘텐츠를 공급하는 애플리케이션이나 웹 사이트를 만들고 운영하는 일을 합니다.

이처럼 하나의 가상현실 콘텐츠를 개발하는 데는 여러 분야의 전문가들이 협력하는 과정이 필요해요.

세 번째로 살펴볼 직업은 'VR 방문 선생님'입니다. 가상현실 기술이 교육에 활용된다면, 유적지에 찾아가야만 볼 수 있던 공룡 발자국 화석이나 직접 갈 수 없는 은하계의 모습도 눈앞에 생생하게 구현할 수 있습니다. 그러면 거실에 앉아 과학적인 호기심과 탐구심을 마음껏 발휘할 수 있겠죠. 아직까지는 가상현실 기기 가격이 비싸기 때문에 모든 가정에서 기계를 구입하는 것은 어려울지도 몰라요. 하지만 방문 선생님이 대신 VR 기기를 가지고 학생들을 찾아가면, 좀 더 많은 아이들이 가상현실을 활용하여 공부할 수 있을 거예요.

가상현실과 증강현실 그리고 인공지능이나 빅데이터를 비롯한 4차 산업혁명의 주요 기술들은 곧 우리 생활의 모든 분야로 확대될 거고, 관련 직업들도 무수히 생겨날 전망이에요.

여러분은 앞서 소개한 미래직업 중에서 관심이 가는 직업이 있나요? 우리가 함께 살펴본 직업 외에도 어떤 다양한 미래직업이 있는지 한번 찾아보고 내가 갖고 싶은 미래직업은 무엇인지 자유롭게 생각해보세요.

융합이 만드는 새로운 시장

우리에게 아직도 '융합'이라는 개념은 모호하기만 합니다. 그런데 4차 산업혁명을 정의할 때 빠지지 않고 등장하는 개념이 바로 '융합'입니다. 물리적 세계의 지식과 기술이 바이오Bio 및 디지털 세계의 지식과 기술에 결합된다는 뜻입니다. 구체적인 사례를 한번 살펴볼까요? 서로 다른 분야의 전문가인 의사와 게임개발자가 만났습니다. 이 두 전문가는 자신들의 지식과 기술을 융합하여 환자를 치료하려고 합니다. 과연 어떤 방법으로 두 분야의 융합이 이루어졌을까요? 지금부터 알아볼게요.

게임개발자는 화상 환자가 치료 중 고통을 덜 느끼게 하는 VR 게임을 만들었습니다. 환자가 게임에 몰입하는 동안은 주의력이 분산되어 통증을 덜 느끼게 된다고 해요. 환자가 VR 게임을 하는 동안, 의사는 좀 더 효율적으로 환자 치료에 집중

할 수 있게 되었습니다. 이 게임은 실제 미국의 워싱턴 대학교가 개발한 VR 영상게임 '스노월드SnowWorld'로, 놀랍게도 화상을 입은 군인 대상 임상실험에서 모르핀보다 더 나은 효과를 거두었다고 해요.

이처럼 예전에는 자신의 분야에서 열심히 일하던 전문가들이 이제 그 영역을 허물고 열린 공간에서 서로의 정보와 지식 그리고 기술을 활발히 교환하게 되었습니다. 실제로 그 열린 공간은 물리적 세상에서 이루어질 수도 있고, 인터넷과 SNS, 영상통화 등을 통해서 이루어질 수도 있습니다. 이러한 융합 활동을 하나의 콜라보레이션collaboration이라고 볼 수 있습니다. 우리가 일상에서 자주 접하는 대표적인 콜라보레이션으로는 인기 가수들이 특별한 무대 공연을 위해서 서로의 노래를 함께 부르거나 새로운 노래를 같이 발표하는 경우를 들 수 있어요.

그렇다면 4차 산업혁명에서 업종 간 콜라보레이션은 얼마나 중요해질까요? 2018년 스위스 다보스에서 열린 세계경제포럼에서의 화두는 바로 콜라보레이션이었습니다. 세계 경제를 이끌어가는 오피니언 리더들이 4차 산업혁명 시대를 맞이하여 콜라보레이션을 중요한 주제로 꼽은 것입니다. 즉, 미래에는 한 분야의 지식이나 기술만으로는 다양한 문제를 해결하기 어렵다는 데 뜻을 같이한 것이죠. 인공지능은 인간보다 효율적으로 물건을 만들 수 있습니다. 예를 들어 자동차를 만드는 수천 가지 공정에서 인공지능 기계들이 투입되어 사람이 따라갈 수 없을 정도로 빠르게 신형 자동차를 만들고 있어요. 하지만 콜라보레이션을 통해서 인간은 인공지능이 하지 못하는 창의적인 일들을 해낼 수 있지요. 이는 인간이 기계적인 효율보다는 인간의 삶을 더 가치 있게 만드는 창의적 발전에 힘을 써야 한다는 의미이기도 합니다.

한번 예를 들어볼까요? 의사와 과학자가 서로 협력하여 전신마비 환자의 보행을 돕는 외골격 로봇수트를 개발할 수 있어요. 자동차 전문가와 미디어 전문가, 통신 전문가, 인공지능 전문가가 만나 무인자동차를 개발하여 어르신들이나 타인의 도움 없이 움직이기 어려운 장애인에게 이동의 자유를 선사할 수도 있고요. 미술가와 정신과 의사 그리고 가상현실 전문가가 서로의 전문지식을 활용해 우울증을 치료하는 프로그램을 만들어 환자들의 치료에 큰 도움을 줄 수도 있어요.

우리는 이미 '융합'의 시대에 살고 있습니다. 융합의 시대에 콜라보레이션은 필수가 될 것입니다. 이전에 경험하지 못했던 새로운 세상에 대비하기 위해서 새로운 지식이나 기술을 찾아 다닐 필요는 없습니다. 오히려 우리가 관심 있어 하는 분야를 제대로 찾아서 우리의 '꿈'을 실현할 수 있는 방법을 '콜라보레이션'을 통해서 이루어나가는 것이 필요한 때입니다.

플랫폼 비즈니스

지능정보사회에 이르러 수많은 ICT 기업이 플랫폼 서비스를 제공하고 있거나 준비하고 있어요. 그만큼 매력이 높은 사업 모델이라고 할 수 있는데요, 플랫폼 비즈니스라는 말이 좀 어렵지요? 구글의 플레이 스토어나 애플의 앱스토어, 아마존Amazon의 전자상거래 서비스, 우버Uber의 운전자-승객 연결 서비스, 에어비앤비Airbnb의 숙박 공유 서비스, 유튜브의 동영상 서비스, 네이버의 포털 서비스 등 우리가 한번쯤 써본 이 서비스들은 모두 플랫폼을 기반으로 제공되고 있답니다. 이러한 플랫폼 서비스의 공통점은 무엇일까요? 그리고 도대체 어떤 매력이 있길래 여러 기업들이 너도나도 플랫폼 비즈니스에 뛰어들고 있는 것일까요?

플랫폼의 대표적 사전적 의미는 '역에서 기차를 타고 내리는 곳'입니다(컴퓨터 용어로는 '정보 시스템 환경을 구축하고 개방하여 누구나 다양하고 방대한 정보를 쉽게 활용할 수 있도록 제공하는 기반 서비스'라는 뜻으로 쓰여요). 그럼 플랫폼에서는 어떤 일들이 이뤄지는지 생각해볼까요?

플랫폼의 가장 중요한 기능은 기차와 승객을 연결해주는 것

많은 사람들이 이용하는 서울역 플랫폼

출처: Wikimedia

10대가 알아야 할 미래 부의 이동

이죠. 기차가 플랫폼에 정차하면 승객들은 원하는 목적지로 가는 기차에 탑승합니다. 플랫폼에는 승객이 기차를 기다리는 동안 음식이나 읽을거리 등을 살 수 있도록 편의점, 간이식당, 자판기도 마련되어 있어요. 플랫폼 주변에는 광고판들이 붙어 있고 큰 기차역의 경우에는 복합 쇼핑몰이 연결되어 있기도 하지요. 여기서 중요한 사실은 새로운 목적지를 향하는 기차를 추가로 운행하거나 편의시설이 추가되더라도 그때그때 플랫폼을 새로 만들 필요가 없다는 거예요. 일단 플랫폼을 만들고 나면 그 안에서 기차의 종류와 목적지가 늘어나거나 변경되기도 하고 새로운 편의시설이 입점할 수도 있으며, 그에 따라 승객 역시 자신의 목적지와 필요에 맞게 이용할 수 있어요. 이런 측면에서 본다면 플랫폼은 다양한 주체들이 활동할 수 있는 장場이라고 볼 수 있답니다.

애플의 앱스토어를 예로 들어볼까요? 앱스토어는 기본적으로 앱 제공자와 사용자를 연결시켜주는 플랫폼이에요. 애플은 앱스토어를 통해 수많은 앱 제공자들이 앱스토어에 앱을 등록하고 사용자가 원하는 앱을 구매하여 이용할 수 있도록 기본적인 기능을 제공해줍니다. 또한 앱뿐만 아니라 음악이나 영상 등 콘텐츠도 이용할 수 있도록 해주고 광고를 할 수 있는 공간도 제공하지요. 앱스토어가 플랫폼이라면 앱 제공자를 기차, 사용자를 승객, 음악이나 영상 콘텐츠 제공자를 편의시설, 광고 서비스를 광고판이라고 생각하면 이해하기 쉽겠지요?

플랫폼 제공자 입장에서는 초기에 핵심 기능을 잘 갖추고 이를 안정적으로 관리한다면 내가 직접 서비스를 제공하지 않아도 공급자와 소비자 사이의 거래를 통한 수익을 얻을 수 있어요. 참여자가 많아질수록 거래 수익은 점점 더 커진답니다. 또한 참여자가 많이 모인다면 이를 바탕으로 새로운 서비스 모

플랫폼 비즈니스의 개념

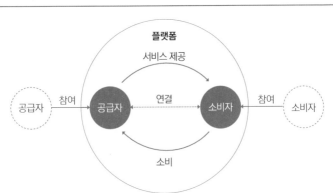

10대가 알아야 할 미래 부의 이동

델을 확대 제공할 수도 있어요. 예를 들어 네이버는 사업 초창기 적자에도 불구하고 편리한 포털 서비스를 제공하면서 사용자를 확대했고 이를 기반으로 차량·교통, 커머스, 금융 등으로 서비스 분야를 공격적으로 넓히며 국내 최대 포털로 성장했지요. 이러한 플랫폼 비즈니스의 매력 때문에 차량 공유, 정비, 부동산, 배달, 아르바이트 등 다양한 분야의 서비스들이 계속 생겨나고 있어요. 여러분들도 많은 참여자를 끌어모을 좋은 아이디어를 가지고 있다면 새로운 플랫폼 사업에 도전해보는 것이 어떨까요?

- ICT를 알면 보이는 돈의 흐름

- 4차 산업혁명 시대의 인재는 누구일까?

- '부'와 진정한 행복의 의미

- 함께 사는 사회를 만드는 '착한 기업'

4차 산업혁명 시대, '행복한 부자' 되기

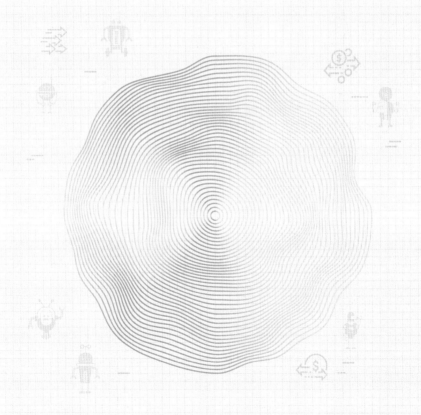

ICT를 알면 보이는
돈의 흐름

ICT 기업 가치가 높아지고 있다

시가총액이란 어떤 회사에서 발행한 주식의 숫자에 주식의 가격, 즉 주가를 곱한 것으로 회사의 규모와 가치를 평가할 때 쓰는 값이에요. 예를 들어 A라는 회사에서 100장의 주식을 발행하였는데, 한 주당 가격이 100원이라고 하면 A 회사의 시가총액은 100×100=10,000원이므로 이 회사의 가치는 약 1만 원이 됩니다.

성장 가치가 높은 회사일수록 그 회사의 주식을 사려는 투자자가 많아지고, 그러면 수요−공급 원칙에 따라 회사의 주가가 오릅니다. 주가가 오르면 시가총액이 커지지요. 다시 말해 시가총액이 큰 회사일수록 높은 가치를 지닌 회사라는 사실을 알 수 있어요.

그러면 지난 20년간 전 세계에서 시가총액이 가장 높은 상위 5개 기업의 추세를 한번 살펴볼까요?

불과 5~6년 전까지만 하더라도 주로 제조, 정유, 금융 기업들이 시가총액 상위권을 차지하고 있었습니다. 특히 2011년의 경우 2008년 글로벌 금융 위기로 인한 국제유가 상승에 따라 3개의 정유 기업(엑슨모빌, 페트로차이나, 쉘)이 Top 5 안에 포함되었지요. ICT 기업으로는 마이크로소프트가 유일하게 자리를 지킨 정도였어요.

그런데 점차 ICT 기업의 가치가 높아지면서 제너럴일렉트릭, 엑슨모빌 등 전통적인 강자를 제치고 시가총액 Top 5 안에 들어가는 ICT 기업의 비중이 늘어나기 시작했어요. 2017년 10월 기준으로 전 세계에서 시가총액이 가장 높은 상위 5개 기업은 애플(914조 원), 구글(782조 원, 알파벳), 마이크로소프트(688조 원), 페이스북(575조 원), 아마존(534조 원) 순으로 모두 ICT 기업이랍니다. 즉, 부의 중심이 ICT로 이동하고 있다고 볼 수 있겠네요.

글로벌 시가총액 Top 5 기업

	1위	2위	3위	4위	5위
1996년	제너럴일렉트릭 (137B)	쉘 (128B)	코카콜라 (117B)	NTT (114B)	엑슨모빌 (102B)
2001년	제너럴일렉트릭 (372B)	마이크로소프트 (327B)	엑슨모빌 (300B)	월마트 (273B)	시티그룹 (255B)
2006년	엑슨모빌 (447B)	제너럴일렉트릭 (384B)	마이크로소프트 (294B)	시티그룹 (274B)	가스프롬 (271B)
2011년	엑슨모빌 (406B)	애플 (376B)	페트로차이나 (277B)	쉘 (237B)	ICBC (228B)
2016년	애플 (617B)	알파벳 (532B)	마이크로소프트 (483B)	버크셔 해서웨이 (404B)	엑슨모빌 (374B)
2017년 10월	애플 (807B)	알파벳 (691B)	마이크로소프트 (608B)	페이스북 (508B)	아마존 (472B)

출처: Wikipedia 재구성

부의 중심이 ICT로 이동한다는 것은 어떤 의미일까요? ICT 기업이 성장하면서 ICT 분야에 일자리가 늘어나고 있다는 뜻이에요. 만약 여러분이 투자자라면 ICT 기업에 투자하는 것이 보다 유리한 선택이 될 가능성이 높아집니다. 따라서 4차 산업혁명 시대에 ICT에 대해 전혀 모르는 사람이라면 그렇지 않은 사람에 비해 부를 창출할 기회가 상대적으로 줄어들겠지요.

그렇다고 ICT 기업에 취업을 하거나 투자를 하기 위해 무조건 ICT 기술을 전문가만큼 깊이 알아야 한다는 뜻은 아니에요. 우리 생활에 어떤 기술이 어떻게 적용되고 있는지 관심을 가지고 지켜본다면 부를 창출할 좋은 기회를 찾을 수 있을 것입니다.

4차 산업혁명 시대의
인재는 누구일까?

4차 산업혁명 시대의 10대는 뉴노멀과 지능정보사회라는 두 가지 변화에 노출되어 있습니다. 하나의 변화에 대응하려고 해도 많은 준비가 필요한데 두 가지 변화가 다가온다고 하니 두려움이 생기기도 합니다. 하지만 '최선의 방어는 공격'이라는 말이 있듯이 변화에 대응하기 위해서는 무엇보다도 능동적인 자세가 중요합니다.

지능정보사회로 접어들면서 데이터를 기반으로 인공지능, 가상현실, 증강현실, 핀테크 등 다양한 산업과 서비스의 발전이 이뤄지고 있습니다. 한편, 나보다 많은 것을 아는 인공지능 서비스의 등장으로 이제 단순한 암기 지식은 인간의 필수 소양이 아니게 될지 모릅니다. SK텔레콤, KT, 네이버, 카카오 등의 기업에서 개발한 인공지능 스피커를 이용해보신 적 있다면 단순한 암기지식으로는 사람이 기술을 이길 수 없다는 것을 쉽게 느끼셨을 거예요. 예를 들어 "물개의 수명은?"이라는 질문에 바로 대답할 수 있는 사람은 몇 안 되겠지만, 인공지능 스피커는 "25년"이라고 즉각 대답할 수 있지요. 그렇기에 여러분은 인공지능 기술이 흉내 낼 수 없는 인간만이 가진 강점을 더욱 강화시키는 노력을 해야 해요.

'부'를 창출하는 데에 있어서도 마찬가지예요. 주식투자를 예로 들자면, 인간의 감정적인 면을 제거한 객관적인 인공지능 AI 서비스가 제공됨에 따라 인간이 '부'의 가치를 증가시키는 과정에서 배제될 가능성이 점점 높아지고 있어요. 일례로 한국경제TV에서 인공지능과 인간이 주식투자 대결을 벌인 적이 있어요. 그 결과 인공지능이 인간 주식투자자보다 더 높은 주식 수익률을 기록했답니다. 물론 이 한 번의 대결을 모든 '인간' 주식투자자의 패배로 일반화할 수는 없지만, 부의 가치를 창출하는 데 있어 인공지능이 침범할 수 없는 인간만의 고유한 분야가 과연 무엇이 있을지 고민하게 만드는 사건이었지요.

10대가 알아야 할 미래 부의 이동

인공지능 vs. 인간 수익률 대결

출처: 한국경제, 2017.3

이렇듯 인공지능이 삶의 전반에 확산되기 시작한 지능정보화시대에 우리는 어떤 능력을 갖추어야 할까요? 이를 알아보기 위해 4차 산업혁명을 처음으로 논한 장소에서 어떤 말들이 오갔는지 되짚어봅시다. 2015년 1월 세계경제포럼에서는 4차 산업혁명을 발표하며, 전 세계의 패러다임 변화를 촉구했는데요. 2016년 1월에는 4차 산업혁명 시대에 어울리는 인물상에 관해 논하였습니다. 이 논의에서 세계경제포럼은 2020년에 진행되는 교육에는 아래와 같은 능력을 키울 수 있게 커리큘럼이 구성되어야 한다고 밝혔습니다.

세계경제포럼은 '복잡한 문제를 푸는 능력', '비판적 사고',

'창의력', '사람관리', '협업능력'을 가장 중요한 능력으로 꼽았어요. 즉 비판적 사고와 창의력을 바탕으로 복잡한 문제를 해결하고, 사람을 관리하는 협업능력을 가진 사람이 중요한 가치를 지닌다는 의미죠. 지능정보사회에서 우리가 '부'를 창출하려면 인간이 기술과 비교해 어떤 강점이 있는지 끊임없이 고민하는 과정이 꼭 필요합니다. 여러분도 이 점을 명심하세요.

'부'와 진정한 행복의 의미

여러분은 '부탄'이라는 나라를 들어본 적이 있나요? 부탄은 인도와 중국의 히말라야 산맥 사이에 있는 작은 나라입니다. 인구도 100만 명이 되지 않고 면적도 우리나라 경상북도의 3배 정도밖에 안 되지만, 국왕이 국민을 위하는 마음이 각별한 것으로 알려진 나라입니다. 부탄 정부는 국민총행복지표 'GNHGross National Happiness index'를 만들었는데요, 이 지표는 부탄이라는 작은 나라의 운영 철학이기도 합니다. 국민의 행복을 국가 정책의 중요한 기준으로 본다는 점에서 물질주의가 팽배한 우리 사회에 시사해주는 바가 크지요.

UN 역시 행복지수를 매년 발표하고 있습니다. 전 세계를 대

2017 유엔 행복지수 상위 국가

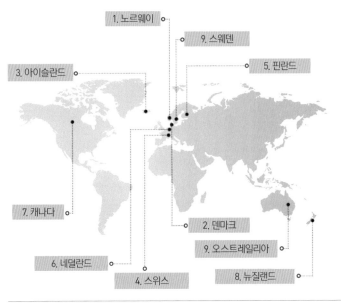

출처: 2017 유엔 세계행복지수 보고서

상으로 「세계행복지수보고서World Happiness Report」를 발표하고 있는데요, 각국의 국내총생산인 GDP, 사회보장에 대한 인식, 관용의식, 기대수명, 기업의 부패지수 등을 평가항목으로 하여 조사하고 있습니다. 주로 덴마크, 스위스, 노르웨이, 핀란드 등 일반적으로 사회보장제도가 잘 자리 잡힌 것으로 알려진 국가

10대가 알아야 할 미래 부의 이동

들이 높은 순위를 차지하고 있답니다.

행복지수가 높게 나타난 나라들의 특징이 있습니다. 경제수준은 각각 다르지만, 사회 구성원들이 자신들이 속한 사회에서 의식주는 기본이고 정서적 안정감을 느끼고 이웃들과 기꺼이 나눌 준비가 되어 있다는 것입니다. 이제 4차 산업혁명의 시대를 맞이한 우리에게 어떤 기준이 행복에 영향을 미칠까요?

진정한 부자가 되는 길: 함께 사는 세상의 리더가 되자

다시 '부자' 얘기로 돌아가볼까요? 인공지능 시대, 로봇이 우리 생활 곳곳에 등장하면서 더 이상 사람이 일을 하지 않아도 로봇이 대신 일함으로써 돈을 벌게 될 것이라는 생각을 하게 됩니다. 그럼 우리는 조만간 일하지 않아도 부자가 될 수 있을까요? 적어도 공장에서 가전제품이나 자동차를 만드는 데는 사람보다는 로봇이 훨씬 더 빠르고 효율적일 테니까요. 그런데 조금만 더 생각해본다면 우리 모두가 로봇을 사용하는 공장의 주인이 될 수도 없고, 로봇보다 빨리 일할 수도 없다는 걱정이 들지 않나요?

맞습니다. 세상에는 다양한 배경과 학력 그리고 개인적인 특성에 따라서 누군가에게는 평범하다고 여겨지는 것조차도 가지기 어려운 사람들이 있습니다. 만약 여러분이 운 좋게도 로봇 수십 대로 냉장고를 만드는 공장의 사장이라면 어떨까요? 예전에 사람이 생산하던 때와는 비교도 할 수 없이 수백 배 많은 양의 제품을 만들어낼 수가 있겠지요. 그런데 과연 이 제품들이 잘 팔릴까요?

아쉽게도 공장의 로봇에게 일자리를 내준 사람들은 직장을 잃어버려서 소득이 줄고 구매력을 잃고 맙니다. 즉 그들은 생활에 필요한 돈을 벌지 못해서 첨단의 신형 음성인식 냉장고를 사는 대신 오래된 냉장고를 고쳐가면서 사용할 수밖에 없는 상황에 빠지고 맙니다.

인간다운 삶의 보장: 기본소득 제도

첨단의 냉장고를 대량생산하면 될 줄 알았는데, 놀랍게도 아무리 좋은 냉장고를 만들어도 잘 팔리지 않습니다. 일자리를 잃은 사람들에게 그러한 냉장고는 그림의 떡에 불과할 뿐이니까요. 한편, 이렇듯 일자리를 잃은 사람에게도 어떻게 하면 인간다운 삶을 보장할 수 있을까 고민한 나라가 바로 핀란드입니다. 지금 핀란드에서는 전국의 25~58세 실업자 중 2,000명을 무작위로 선정해 향후 2년간 매월 560유로(약 70만 원)를 지급하는 기본소득 제도를 실험 중에 있습니다. 원래 기본소득 개념은 보유하고 있는 자산과 관계없이 모든 사람에게 일정금액을 제공하는 것을 의미합니다. 기본소득 개념에는 인간은 존엄한 존재이므로 어떤 연령, 장애, 특성을 갖고 있는지와 상관없이 인간다운 삶을 누릴 권리가 있으며, 국가는 이를 보장하기 위해 노력해야 한다는 정신이 담겨있는 것이죠.

앞으로 인공지능과 로봇 등 4차 산업혁명의 주요기술이 사회 전반을 변화시키며 인간의 삶을 윤택하게 만들 것이라는 전망을 내놓는 전문가들이 많지만, 기존의 사회적 문제들을 해결하려는 노력도 함께 이루어져야 해요.

계층 간 빈부의 격차, 사회적 범죄의 증가, 의료 소외 계층 증가를 비롯한 현대의 고질적인 사회문제가 해결되지 않는다면 4차 산업혁명으로 기술이 아무리 발전해도 우리 사회의 전반적인 삶의 질은 나아지지 않을 수도 있는 것이죠. 그러므로 기본소득 제도와 같이 최소한의 인간적 삶을 보장하기 위한 복지제도에 대한 고민 또한 게을리해서는 안 되겠지요.

10대가 알아야 할 미래 부의 이동

함께 사는 사회를 만드는
'착한 기업'

여러분들은 사회적 기업이라는 말을 들어본 적이 있나요? 흔히 '착한 기업'이라고도 불리는데요. 원래 기업이란 영리를 추구하는 집단을 의미해요. 하지만 사회적 기업은 영리를 추구하되, 사회적으로 어려운 계층과 협력하여 새로운 일자리를 창출하고 정당한 노동의 대가도 제공하는 기업입니다. 사회적 기업은 재활용품을 이용하여 앞치마를 만들기도 하고, 부서진 가구를 활용하여 책장으로 만들기도 하면서 환경에 부담을 줄이고, 어려운 이웃을 돕고 있습니다. 특히 ICT를 활용하여 장애를 가진 사람들도 어렵지 않게 작업을 하고 육체적 노동을 하지 않아도 기업활동에 참여할 기회가 더욱 늘어나고 있답니다. 그러면 사회적 기업에서 만든 물품을 구매하는 것만으로도 일종의 기부활동이 되는 것이죠. 이러한 소비를 '착한 소비'라고 부릅니다.

지난 2011년 제리백의 박중열 대표는 우리에겐 다소 낯선 나라인 우간다에서 사업을 시작했습니다. 박중열 대표는 어른에게도 무거운 물통을 들고 흙길을 오가는 우간다 어린이들에게 도움을 주고자 제리백을 런칭했습니다. 제리백이란, 아프리카에서 생활에 필요한 물을 나르기 위해 사용하는 플라스틱 물통인 제리캔을 담는 가방입니다. 제리백은 고객이 가방을 하나 구매하면 우간다 어린이에게 물통 하나를 선물합니다. 또한, 제리백은 단순 기부에서 더 나아가 지속적인 도움을 주고자 우간다 사람들에게 직접 재봉틀 사용법을 가르치는 등 가방 제작에 참여하고 일할 기회를 주었습니다. 그 결과 회사는 높은 매출 성장을 하였고, 우간다 어린이들은 가볍고 예쁜 물통 가방을 가지게 되었으며, 우간다 지역의 일자리 또한 많이 생겨났지요.

또 다른 대표적인 사회적 기업의 사례는 커피산업에서 찾을 수 있습니다. 기존에는 커피 기업들이 원가만 고려하여 커피

출처: 비즈업 블로그

농장에서 착취당하는 어린이들에게 제대로 된 임금과 처우 없이 값싼 노동력만 가져다 쓰곤 했습니다. 그러나 최근에는 불공정한 시스템을 과감히 버리고, 쾌적한 노동환경과 정당한 임금을 보장해주면서도 얼마든지 맛있는 커피 원두를 구매할 수 있다는 공감대가 점차 확산되고 있습니다. 바로 공정무역이라는 개념이 자리 잡기 시작한 것입니다. 최근에는 ICT를 활용하여, 커피 생육 환경을 관리하고 원산지 표기 및 배송까지 과학적으로 이루어져서 보다 투명한 공정무역이 이루어지고 있답니다.

사회적으로 취약한 계층에 일자리를 제공하는 사회적 기업이 늘어나는 한편 소비자들은 이런 기업들의 가치를 알아보고 이들의 제품을 구매하는 순환구조가 정착되면 우리 사회가 더 따뜻해지겠지요. 이는 곧 '돈을 벌고 쓰는' 과정이 사회를 보다 살만하고 풍요로운 세상으로 만드는 중요한 밑거름이 된다는 것을 인식하는 데서 출발할 것입니다.

10대가 알아야 할 미래 부의 이동

더 읽을거리

4차 산업혁명 시대의
부자들

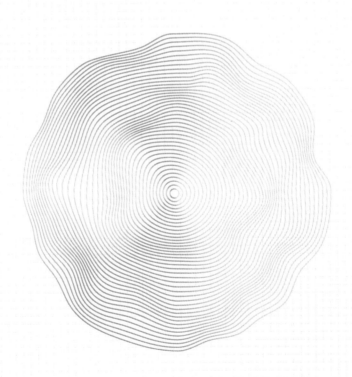

4차 산업혁명 시대의 부자들은 어떻게 탄생했나?
골드러시에서 ICT 러시 시대로의 변화

미국의 서부 개척시대의 역사에서 빠질 수 없는 단어가 바로 '골드러시gold rush'입니다. 골드러시란 유럽에서 미국의 동부로 이주해온 사람들이 서부의 금광 발굴 소식을 전해 듣고, 재산을 모두 정리해서 마차 하나에 싣고 줄지어 '기회의 땅'으로 향했던 역사를 가리키는 말입니다. 그러나 안타깝게도 골드러시에 참여하여 벼락부자가 된 사람은 많지 않았고, 엄청난 양의 금광이 있을 거라고 꼬임을 하는 사기꾼들에게 속아 도리어 재산을 탕진하고 마는 사람들이 대부분이었답니다.

최근의 '4차 산업혁명' 붐은 얼핏 21세기의 골드러시처럼 보이기도 합니다. 4차 산업혁명의 실체에 대해서는 아직 잘 모르지만, 관련 기업의 주식이 급등을 하고 인공지능과 관련된 스타트업의 투자 모임에 투자자들이 줄을 서고 있지요.

하지만 골드러시와 최근의 4차 산업혁명에 대한 높은 관심에는 분명한 차이가 있답니다. 부자가 되겠다는 맹목적인 욕망만 가지고 서부로 떠난 이민자들과는 달리, 4차 산업혁명 시대에는 인공지능으로 대표되는 ICT의 차별화된 기술력과 고객 니즈에 대한 빅데이터 기반의 철저하고 과학적 분석적 능력을 가진 인재들에 의해 새로운 'ICT 러시'가 이루어지고 있습니다.

그렇다면 4차 산업혁명 시대의 ICT 개척자들은 어떤 방식으로 새로운 부를 창출하고 있는지 사례를 통해서 알아볼까요?

유튜브 스타 라이언,
장난감 놀이로 한 해 120억 벌어들인 꼬마 유튜버

지금까지는 자신의 경험과 아이디어를 ICT 기술을 통해 구현한 성공 사례를 살펴보았는데요, 이번에는 ICT 서비스를 잘 활용해서 만든 콘텐츠로 부를 창출한 사례를 소개하려고 해요. 바로 '라이언 토이 리뷰Ryan Toys Review'라는 유튜브 채널을 운영하고 있는 만 6세 꼬마 유튜버 라이언입니다.

라이언은 (지금도 어리지만) 어렸을 때부터 유튜브의 장난감 소개 영상 보는 것을 좋아했어요. 그러던 어느 날 라이언은 직접 영상을 찍어보고 싶다고 생각했고, 어머니의 도움을 받아 장난감 리뷰 영상을 제작하기 시작했지요. 이후 꾸준하게 장난감 리뷰 영상을 찍어서 유튜브에 등록한 결과 현재 구독자 수가 1천만 명이 넘는다고 해요.

놀랍게도 라이언의 2017년 추정 수익은 약 120억 원이나 된답니다.

어찌 보면 라이언은 좋아하는 장난감을 가지고 노는 영상을 찍어서 올렸을 뿐인데 어떻게 이런 큰돈을 벌 수 있었을까요? 우선 라이언은 어린이 관점에서 장난감을 리뷰하는 참신한 콘텐츠를 꾸준히 등록해서 많은 구독자를 확보할 수 있었어요. 구독자가 많아질수록 라이언의 장난감 리뷰 영상 조회 수도 증가했고, 동시에 구독자들이 장난감을 구매하는 데 미치는 라이언의 영향력도 커졌죠. 그 때문에 라이언은 어마어마한 광고 수익, 협찬 수익 등을 얻을 수 있었답니다.

라이언 토이 리뷰 화면

출처: YouTube

10대가 알아야 할 미래 부의 이동

라이언 외에도 많은 사람들이 유튜브를 통해 자신만의 영상 콘텐츠로 수익을 얻고 있어요. 미국의 경제지인 〈포브스〉의 '2017년 가장 높은 수익을 올린 유튜브 스타' 집계에 따르면 영국의 다니엘 미들턴이라는 유튜브 게임 방송인이 1년 동안 약 180억 원을 벌어 1위를 차지했어요. 다니엘 미들턴이 진행하는 게임 방송의 구독자가 무려 1700만 명 가까이 된다고 하니 얼마나 영향력이 큰지 알 수 있겠지요? 이 순위에서 라이언은 당당히 8위를 차지했어요.

블루홀 장병규 의장,
세계 게임시장 뒤흔든 '배그' 열풍의 주인공

여러분은 혹시 중국의 '비에이티BAT'라고 들어본 적 있나요? BAT 란 중국의 대표 IT 기업을 부르는 용어인데요. 바이두Baidu, 알리바바 Alibaba, 텐센트Tencent의 머릿글자를 딴 것입니다. 바로 이 기업들 중 텐센트에 인수를 제의받은 기업이자 세계 1위의 게임을 개발 및 서비스하는 기업이 있습니다. 말만 들어도 굉장하지요? 그런데 이 기업이 우리나라 기업이라면요? 놀랍지만 사실입니다. 바로 '블루홀'이 그 주인공인데요.

블루홀이 서비스 중인 게임 '배틀그라운드'는 2017년 12월 21일에 정식 출시되었습니다. 그런데 이 게임은 놀랍게도 베타서비스 기간에 세계 1위라는 놀라운 결과를 냈습니다. 2017년 9월에는 배틀그라운드의 하루 최대 동시 접속자 수가 107만 명을 기록했는데요. 이는 2위 게임과 비교했을 때 1.67배 높은 수치입니다. 이러한 해외의 돌풍을 기반으로 배틀그라운드는 출시 5개월 만에 매출 2,000억 원을 돌파했으며, 블루홀의 기업 가치는 3조 8,000억 원으로 수직 상승했답니다.

배틀그라운드의 성공 뒤에는 블루홀의 장병규 의장이 있었는데요. 그는 블루홀 이전에도 네이버에 인수된 '첫눈'과 대표적인 게임 기업 중 하나인 '네오위즈'를 창업한 경력이 있어요. 다른 이들은 하나의 기업을 성공으로 이끌기도 어려운데 어떻게 장병규 의장은 만지

세계 게임 순위에서 1위를 차지한 배틀그라운드(일 최대 동시접속자 수 기준)

순위	게임	하루 최대 동시접속자 수
1위	플레이어언노운스 배틀그라운드	107만 명
2위	도타2	69만 명
3위	카운터스트라이크: 글로벌오펜시브	53만 명
4위	H1Z1: 킹오브더킬	6만 8,000명
5위	GTA5	6만 6,000명

※ 2017년 9월 13일 기준
출처: 스팀

면 무엇이든 황금으로 만드는 미다스의 손처럼 성공을 거듭할 수 있었던 것일까요?

장병규 의장은 한 언론과의 인터뷰에서 그 노하우를 다음과 같이 밝혔는데요. "사람들이 인터넷 검색창을 찾는 횟수가 늘어나는 걸 보고 결국 언젠간 수익을 낼 수 있을 거라고 생각했습니다. 중요한 것은 그때까지 버텨낼 힘이 있느냐는 것이죠." 즉, 장병규 의장은 일찍부터 포털 사업의 성공 가능성을 꿰뚫어 본 것이었어요. 단순히 자신의 궁금함을 검색하는 데 그치지 않고 검색사이트가 가진 본질을 꿰뚫어 사람들의 관심사를 보는 창으로 활용했던 것이죠. 이처럼 IT는 누구에게나 공개되어 있기 때문에 독창적이고 세련된 아이디어만으로 부를 창출할 수 있는 기회가 열려있답니다.

샤오한 쩡,
글로벌 혁신 기업들이 탐낸 재야의 고수

실리콘밸리에 있는 유명 IT 회사 다섯 군데에서 입사 제안을 받은 사람이 있다? 얼마나 대단한 인물이기에 세계적인 IT 기업의 러브콜 세례를 받은 것일까요? 바로 그 주인공은 샤오한 쩡Xiaohan Zeng이라는 중국인인데요. 우리가 얼핏 생각하기에는 해외 유명대학을 졸업했거나 영향력 높은 기업을 다녔을 것 같은데 그렇지 않았습니다. 그럼 어떻게 샤오한 쩡은 실리콘밸리의 입사 제의를 받게 되었을까요?

샤오한 쩡이 입사 제의를 받은 기업은 구글, 페이스북, 링크드인, 세일즈포스, 에어비앤비인데요. 그는 취업을 하기 위해 학위를 따는 노력보다는 온라인 개발자 커뮤니티에 적극 참여했습니다. 또, 그는 커뮤니티를 활용하고 인적 네트워크 사이트인 링크드인에도 적극적으로 자신을 어필해왔습니다. 샤오한 쩡은 자신의 취업 과정에 대해 문의하는 사람들에게 "어떤 분야의 전문가가 되세요."라고 조언하고 있어요.

여러분이 다니는 학교, 더 나아가 미국의 대학에서조차 전 세계에서 가장 빠르게 미래를 내다보며 구상하는 실리콘밸리 기업이 직원에게 요구하는 역량을 가르쳐주지 못하고 있습니다. 그러나 샤오한 쩡은 IT를 이용해 기업에서 요구하는 능력을 키울 수 있는 채널을 마

대표적 IT 개발자 커뮤니티, 레딧(reddit)

출처: 레딧

10대가 알아야 할 미래 부의 이동

련했어요. ICT에 친숙하면 기업의 채용공고에 지원해 면접을 보러

다니는 것이 아니라, 샤오한 쩡처럼 오히려 기업이 여러분을 영입해

가려고 하는 즐거운 일이 생길 수도 있어요. 과거와 달리 인재 채용

의 방식이 다변화되었기 때문이에요.

한국 스마일게이트그룹 권혁빈 회장,
위기를 기회로 만든 대기만성 CEO

2015년부터 미국의 〈포브스〉지는 세계 IT 부자 순위를 발표하기 시작했습니다. 당시에는 마이크로소프트 공동창업자인 빌게이츠가 1위였답니다. 2017년 발표에서도 여전히 빌게이츠가 부동의 1위를 차지했지만 우리의 눈길을 끄는 부자가 있었으니, 바로 39위에 선정된 한국 스마일게이트그룹의 권혁빈 회장입니다. 그는 〈포브스〉가 집계한 한국의 50대 부자 순위에서도 전통적인 제조업, 건설 등의 부자들을 제치고 4위를 차지했다고 합니다.

스마일게이트그룹은 다소 생소할 수 있지만, 크로스파이어_{Crossfire}를 개발한 게임회사랍니다.

현재 크로스파이어는 중국뿐 아니라 전 세계 80개국에 수출되어

연 1조 원의 놀라운 매출을 거두어들이고 있답니다. 하지만 권혁빈 회장이 처음부터 탄탄대로를 걸은 것은 아니라고 합니다. 권혁빈 회장은 학창시절 전자공학을 전공하고 유명한 대기업에 취업할 기회를 얻었으나 포부를 실현하기 위해서 창업을 결심했다고 합니다. 노력 끝에 온라인 교육솔루션을 개발했지만 3년 만에 파산하는 아픔을 겪기도 했지요. 그러나 그는 여기서 포기하지 않았습니다. 경쟁이 치열한 한국 게임시장 대신 중국시장을 공략하기로 목표를 바꾼 것이죠. 중국인들이 좋아하는 금색과 붉은색을 기반으로 중국풍의 배경과 의상을 만들어 중국인들에게 친숙한 이미지로 접근했고 크로스파이어는 큰 성공을 거두었습니다.

권혁빈 회장의 성공에서 우리가 주목해야 할 몇 가지가 있답니다.

권혁빈 회장이 칠전팔기 끝에 만든 기업 '스마일게이트'

출처: 스마일게이트 홈페이지

첫 번째, 누구나 선망하는 대기업에 취업하는 대신 당시로서는 모험적인 온라인 비즈니스에 열정을 쏟기로 결정했다는 점이에요. 두 번째, 한 번의 사업 실패에 좌절하지 않고 온라인 게임개발에 새로운 도전을 했다는 점입니다. 세 번째, 위기를 기회로 삼아서 경쟁이 치열한 국내시장 대신 해외, 즉 중국시장으로 눈을 돌린 것이죠. 그 과정에서 치밀한 준비와 분석을 통해서 중국 소비자들을 사로잡았지요. 그의 이러한 점이 4차 산업혁명 시대에 귀감이 되는 부자의 롤 모델이 아닐까 생각해봅니다.

스마트 팜 김민수 대표,
농사에 ICT를 접목한 청년 농사꾼 부자

여러분은 혹시 부자라고 하면 나와는 거리가 먼 사람들이라고 생각하고 있진 않나요? 큰 빌딩이나 수십 대의 럭셔리한 차를 가지고 있는 모습을 상상하기 쉽지요. 하지만 기준을 조금 달리하면 우리 주변에서도 자신의 일을 통해서 부족함 없는 생활을 하고 이웃과 나누면서 지내는 부자들을 만날 수 있답니다. 그 좋은 예가 바로 강원도 홍천군에서 버섯 농사를 지어 연 33억 원의 놀라운 매출을 달성한 청량버섯농원의 김민수 대표입니다.

흔히 '농사꾼'이라는 말을 들으면 젊은이가 아닌, 나이 드신 할머니 할아버지께서 굽은 허리를 애써 다독이며 고생하시는 모습을 떠올릴 수 있어요. 그러나 누구나 어렵다고 하는 농사의 길에 ICT에 친숙한 젊은 농부가 새로운 농사 방식을 도입하여 '21세기 농사꾼도 부자가 될 수 있다'는 신화를 만들어가고 있답니다.

　김민수 대표는 느타리버섯이 자라기에 알맞은 환경을 만들기 위해 하루에도 몇 번씩 가습기나 환풍기를 사람이 직접 운행해야 하는 번거로움을 사물인터넷을 통해서 해결했습니다. 이것이 바로 스마트 팜 기술인데요. 스마트 팜 기술이란 재배시설의 온도, 일조량, 습도 등을 사물인터넷으로 분석하여 원격으로 관찰, 작동, 관리하는 기

스마트 팜 기술을 적용한 느타리버섯 농가

출처: 부산일보, 2017.7.28

술이랍니다. 사물인터넷의 데이터를 PC나 스마트폰으로 전송받으면 언제 어디서나 생육환경의 이상을 체크하고 즉각적으로 대응하여 농산물이 잘 자랄 수 있도록 관리할 수 있어요. 느타리버섯은 종균배양 이후 일주일 정도 후에 출하가 이루어지는데, 사물인터넷으로 수집된 데이터를 활용하여 양질의 버섯을 신속하게 생산 및 포장하여 고객에게 판매하고 있다고 합니다.

이처럼 김민수 대표는 스마트 팜이라는 과학적 접근을 통해서 소외되었던 농업의 새로운 기회를 창출하고 농촌에서도 얼마든지 부가가치가 높은 사업을 할 수 있다는 가능성을 증명했답니다.

- 김윤태, 《교양인을 위한 세계사》, 책과함께, 2011.9
- 찰스 맥케이, 《대중의 미망과 광기》, 창해, 2004.2.2
- 헤리 덴트, 《2018 인구절벽이 온다》, 청림출판, 2016
- Alvin Toffler, Heidi Toffler, 《Revolutionary Wealth》, Broadway Business, 2007.6
- Thomas Piketty, 《Capital in the 21st century》, Belknap Press: An Imprint of Harvard Universi. 2017.8
- "IMF, 세계경제 '구조적 장기침체' 경고", 한국일보, 2015.4.15, http://m.koreatimes.com/article/913009
- "한강의 옛 모습을 기억하세요?", 조선일보, http://photo.chosun.com/site/data/html_dir/2015/07/15/2015071501597.html
- 박상돈, "한국 출산율 OECD와 세계 전체에서 꼴찌 수준", 연합뉴스, 2017.3.20, http://www.yonhapnews.co.kr/bulletin/2017/03/18/0200000000AKR20170318051200008.HTML
- 배준호, 김벼리, "'학벌은 필요 없다' 비트코인 투자로 6년 만에 백만장자 된 중졸 소년", 이투데이, 2017.06.22.,http://www.etoday.co.kr/news/section/newsview.php?idxno=1505902#csidxc3b5b7d56b7fbdaba16b0b922b2d183
- 시나몬, "피할 수 없는 흐름 받아들이고 하나씩 해보자 Gig", 브런치, 2017.6.16,https://brunch.co.kr/@bbscanvas/14
- 시민케이, "4차 산업혁명은 없다", 브런치, 2017.3.9, https://brunch.co.kr/@playfulheart/58
- 신경진, 전영선, "하루 28조 원어치 판 마윈 '온·오프 결합한 신소매가 미래'", 중앙일보, 2017.11.13, http://news.joins.com/article/22107708

- 이정환, "의료 현장에서 'VR'이 진통제로 쓰인다? 치유-회복을 위한 VR", 동아사이언스, 2016.4.7, http://dongascience.donga.com/news.php?idx=11403
- 정미형, "주식 수익률 대결, 인공지능 '기선제압'", 한국경제, 2016.4.4, http://www.wowtv.co.kr/newscenter/news/view.asp?bcode=T30001000&artid=A201604010232&arttype=V
- 정현수, "'저출산의 덫'··· 주거와 의료비로 푼다", 중앙일보, 2015.10.18, http://news.joins.com/article/18880607
- 주문정, "정부, 수출전문 스마트 팜 온실신축사업에 200억 원 투입", 전자신문, 2016.4.19
- 한용주, "저금리의 역습··· 좀비기업과 하우스푸어", 오피니어 뉴스, 2015.10.12, http://m.opinionnews.co.kr/news/articleView.html?idxno=2510
- "Ari Paul, It's 1994 In Cryptocurrency", Forbes, 2017.11.27, https://www.forbes.com/sites/apaul/2017/11/27/its-1994-in-cryptocurrency/#24d2faeb28a3
- "The 10 Richest People of All Times", Time, http://time.com/money/3977798/the-10-richest-people-of-all-time
- "The Future of Jobs", World Economic Forum, 2016.1
- "The Highest-Paid YouTube Stars", Forbes, 2017https://www.forbes.com/sites/maddieberg/2017/12/07/the-highest-paid-youtube-stars-2017-gamer-dantdm-takes-the-crown-with-16-5-million/#68c2fce11397
- "You've got to find what you love," Jobs says, Stanford, 2005.6.14, https://news.stanford.edu/2005/06/14/jobs-061505
- 2,000 Years of Economic History in One Chart, http://www.visualcapitalist.com/2000-years-economic-history-one-chart
- http://www.etnews.com/20160419000248
- https://www.slideshare.net/sbali1/the-social-impact-of-ict
- List of public corporations by market capitalization, https://en.wikipedia.org/wiki/List_of_public_corporations_by_market_capitalization
- Paul Romer, Charles Jones, The New Kaldor Facts: Ideas, Institutions, Population, and Human Capital, 2010
- Precision Agriculture, Drones could help areas devastated by drought, http://precisionagricultu.re/drones-could-help-areas-devastated-by-

drought/

• Ryan Toys Review, YouTube, https://www.youtube.com/channel/ UChGJGhZ9SOOHvBB0Y4DOO_w

• Sudhendu Bali, The Social Impact of ICT, 2010.8.4

• Steve Johnson, "The Brics are dead. Long live the Ticks", Financial Times, 2016.1.28, https://www.ft.com/content/b1756028-c355-11e5-808f-8231cd71622e

• 기업은행 블로그, 화폐의 기원과 돈의 속성, http://smartibk.tistory.com/279

• 대쉬 홈페이지, https://www.dash.org/

• 라이트코인 홈페이지, https://litecoin.com/

• 리플 홈페이지, https://ripple.com/

• 모네로 홈페이지, https://getmonero.org/

• 비트코인 차트, https://blockchain.info/ko/charts

• 비트코인 홈페이지, https://bitcoin.org/ko/

• 실리콘밸리 첨단 기술 기업, https://dabrownstein.com/2015/02/06/the-swarming-of-silicon-valley/

• 유네스코와 유산(알파벳), http://heritage.unesco.or.kr/mows/the-phoenician-alphabet/

• 이더리움 홈페이지, https://ethereum.org/

• 페니키아 선박, https://phoenicia.org/ships.html#

• 한국조폐공사 화폐박물관 홈페이지, http://museum.komsco.com

10대가 알아야 할

미래 부의 이동

1판 1쇄 발행 | 2018년 4월 05일
1판 2쇄 발행 | 2020년 6월 25일

지은이 신지나, 김재남, 민준홍
펴낸이 김기옥

경제경영팀장 모민원
기획 편집 변호이, 김광현
커뮤니케이션 플래너 박진모
경영지원 고광현, 임민진
제작 김형식

디자인 제이알컴
인쇄·제본 민언프린텍

펴낸곳 한스미디어(한즈미디어(주))
주소 121-839 서울특별시 마포구 양화로 11길 13(서교동, 강원빌딩 5층)
전화 02-707-0337 | 팩스 02-707-0198 | 홈페이지 www.hansmedia.com
출판신고번호 제 313-2003-227호. | 신고일자 2003년 6월 25일

ISBN 979-11-6007-248-8 43320